斗力

4

围棋

从入门到九段

1级到1段
1000题

陈　禧
胡啸城
卫泓泰
———　著

U0314401

化学工业出版社

·北京·

图书在版编目（CIP）数据

围棋从入门到九段.4，斗力：1级到1段1000题 / 陈禧，
胡啸城，卫泓泰著. —北京：化学工业出版社，2022.9
ISBN 978-7-122-41578-3

Ⅰ.①围… Ⅱ.①陈… ②胡… ③卫… Ⅲ.①围棋—教材
Ⅳ.①G891.3

中国版本图书馆CIP数据核字（2022）第094910号

责任编辑：史　懿　　　　　　　　　　　封面设计：溢思视觉设计／尹琳琳
E-mail: isstudio@126.com　　Yinlinlin
责任校对：王鹏飞　　　　　　　　　　　装帧设计：宁小敬

出版发行：化学工业出版社（北京市东城区青年湖南街 13 号　邮政编码 100011）
印　　装：河北京平诚乾印刷有限公司
787mm×1092mm 1/16　印张 12¼　字数 180 千字　2023 年 1 月北京第 1 版第 1 次印刷

购书咨询：010-64518888　　　　　　　售后服务：010-64518899
网　　址：http://www.cip.com.cn
凡购买本书，如有缺损质量问题，本社销售中心负责调换。

定　　价：59.80 元

序 言

我和奇略合作"从入门到九段"有不少时间了。这套选题最早来自于一次吃饭，泓泰说：上次出版的《零基础学围棋：从入门到入段》反响不错，再挑战一次"从入门到九段"怎么样？

于是经过近两年的设计、制作、编排，这套书终于要和大家见面了。题目全部是陈禧职业五段原创的。他热爱创作死活题，这些题目在网上有数千万人次的做题量和大量的反馈，经过了充分地检验和锤炼。其中高段分册的有些题目我看到了也需要思考一段时间，做完之后，感受很好，确实有助于基本功的训练。

围棋学习是提升自己思维素养的过程，最讲究记忆力和计算力的训练。

常用的棋形，需要记得快，还要记得准、记得牢。必须要养成良好的学习习惯：多下棋，下棋之后复盘，长此以往会慢慢养成过目不忘的能力，下过的棋全部摆得出来。围棋的记忆，不仅要了解一个形状，还要记住上下关联的变化，理解得越深，记得越全面。记的东西多了，分门别类在头脑中整理好，就有了一套自己的常用知识体系，形成了实战中快速反应的能力。

实战中总有记不完的新变化，围棋对弈还尤其考验临机应变的能力。出现新变化的时候，需要进行计算。计算是在头脑中形成一块棋盘，一步一步地在上面落子，进行脑算；同时还需要有一个思维体系，从思考为什么会有这样的棋形开始，到思考这个变化为什么可行，那个变化为什么不行。这里说的计算，包含了大家平时说的分析和判断。通过综合训练，逐渐拥有强大的想象力，形成围棋中克敌制胜的计算力。

围绕训练这两种能力，奇略做了错题本和死活题对战的新功能，比我们那个时候训练的条件还要更进一步。一套好书，可以是一位好的教练，一位好的导师。希望通过这套书能够让围棋爱好者和学员们真正提高自己的硬实力，涌现出更多优秀的围棋人才，超越我和我们这一代棋手。

职业九段是我职业生涯中重要的里程碑，是我新征程的开始。而对于广大爱好者来说，从入门到九段，可能是一段长长的征程，有着无数的挑战。这里引用胡适先生论读书的一段话，与大家共勉："怕什么真理无穷，进一寸有一寸的欢喜。即使开了一辆老掉牙的破车，只要在前行就好，偶尔吹点小风，这就是幸福。"

2022 年 8 月

前　言

很高兴这套书遇到了您。

这套书，献给那些对自己有要求的爱好者和对提升学生棋力最热忱、最负责任的围棋老师们。

奇略是一家以做围棋内容和赛事起步的公司，目前是业内最主要的围棋内容，尤其是围棋题目的供应方之一。我们长期支持各类比赛，包括北京地方联赛和全国比赛。进入人工智能时代，我们相信，围棋的学习一定是围绕着提升棋手自身综合素养进行的。通过学习围棋，每位棋手都可以成为有创新意识，有独立分析能力的优秀人才。

奇略坚持创新和创作，坚信天道酬勤。当我们开始创作这样一套综合题库时，我们合理安排每一道题，每一章都为读者设计了技巧提示和指引，每一项围棋技能都邀请了顶尖的职业棋手寻找更好的训练方式。

从入门到九段，不仅要有充足的训练资源，还要有有效的训练方式和成长计划。今天这份成长秘籍已送到您的手边。我们从十年来原创的题目中，选取了棋友反馈最多的题目——10000道！按照难度进行编排。它们将会推动您一点一点成长，我们可以想象出无数孩子和爱好者一道一道做下去时兴奋的表情。

日常训练的时候，最头疼的就是：很多时候想这么下，但是答案没有这个分支，一道一道都去问老师要花很多时间，想自己摆棋，棋子太多也要摆好久。

如今奇略将答案全部电子化，更找到北京大学生围棋联赛的同学们，根据爱好者的反馈，给每一道题加上了详细的变化。为了方便大家提升，我们还做了电子错题本和知识点图解。我们会结合您做题中的反馈，对您的专注力、计算力和记忆力做出分析，让您的成长走捷径。

千里之行，始于足下，让我们现在开始吧。

本套书的成书过程得到了太多人的支持，在此感谢科大讯飞联合创始人胡郁，海松资本陈飞、王雷，北京大学校友围棋协会会长曾会明的大力支持。成书期间，周睿羊九段多次来奇略为我们摆棋指导，感谢周睿羊九段的意见让这套书更完善。

卫泓泰　胡啸城　陈禧

2022 年 8 月

目　录

凡　例

1. 本书题目均为黑先，答案为无条件净活 / 净杀或有条件劫活 / 劫杀。

2. 本书题目大致按照知识点、难度排序，建议读者循序渐进，按照舒适的节奏安排练习。

3. 读者可以直接在书中作答，也可扫描书友卡中的二维码，在电子棋盘上进行互动答题并用错题本记录错题。

4. 读者在进入答题界面后，可以按照下列操作进行答题，也可以输入题目序号，找到对应题目后直接作答。

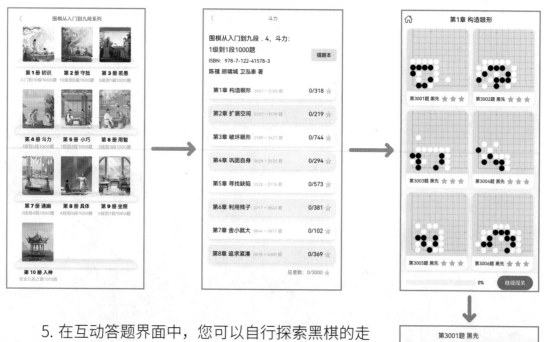

5. 在互动答题界面中，您可以自行探索黑棋的走法，系统将会自动给出白棋的最强应对，并在达到正确结果或失败结果时做出说明。

我们的答题界面、解题过程会持续优化、更新。愿我们的小程序和 App 一直陪伴您的学棋之路，见证您棋艺的提高。

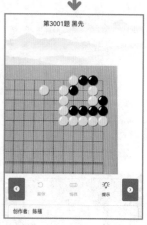

构造眼形

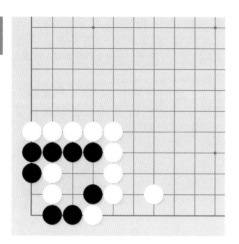

"构造眼形"是做活的必经步骤;只有构造出两只真眼,一块棋才可以称为活棋。因此,在做活过程中,需要掌握在空旷地带搭建眼形的技巧。

如图1,此时左下角的黑棋眼形尚未明确,需要划分出两只真眼的空间。黑棋先行,该如何行棋呢?

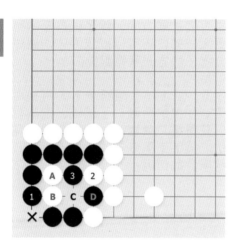

如图2,黑1在角里连是一举两得的好手,不仅弥补了自身的连接问题,而且在角里×位构造出一只真眼。即使白2从外面冲,黑3挡住之后仍然可以吃住A位、B位的两颗白子。

接下来,白棋若继续在C位提吃,则黑D反提三颗白子,白C提回一颗黑子,黑B挡住。如此"打三还一"之后,黑棋仍然可以两眼成活。

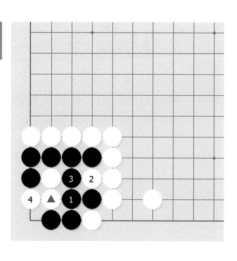

注意:黑棋若在图3中的1位粘,则会被白2先手冲。黑3挡住之后,白4抢占要点即可破坏黑棋的眼形。接下来如果黑棋提掉三颗白子,整块棋形成了"弯三"的死型,白棋可在▲位点,这样黑棋无条件被杀。

扩展空间

图 4

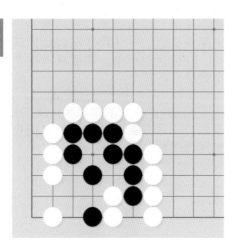

如果当前的生存空间不足以构成两只真眼，在周围环境允许的情况下，不妨"扩展空间"，为己方活棋创造更充分的条件。

如图 4，此时黑棋已经有一只真眼，但是目前第二只眼的位置还不甚明晰。黑棋先行，该如何行棋呢？

图 5

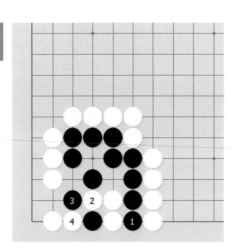

如果想要扩展空间，除了把自己的眼位围得更大一些，还可以以攻为守，通过吃掉对方棋子的方式获得眼位。

如图 5，黑 1 挡下阻断了下方两颗白子的联络。如果这两颗白子被吃，则黑棋显然可以获得第二只真眼，故白 2 冲出是最强抵抗。接下来黑 3 打吃，白 4 提吃，最后的结果会如何呢？

图 6

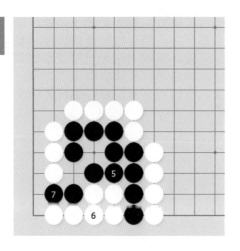

如图 6，黑 5 先从后面将白棋打成一团，迫使白 6 粘，然后再黑 7 冲，可以成功杀掉白棋。

本题中，黑棋主动出击，通过吃掉对方棋子的方式扩展空间，形成两眼活棋。

破坏眼形

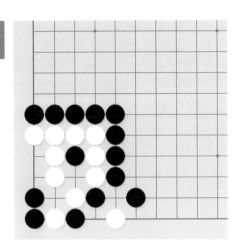

既然做活己方需要"构造眼形"，攻杀对方就需要"破坏眼形"，扰乱对方的做活计划。

如图7，白棋看起来已经有一只真眼，即将形成两眼活棋。黑棋先行，该如何行棋呢？

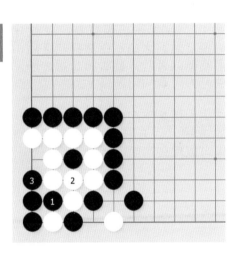

如图8，黑1提是必然的第一手，不仅连通自身的棋子，也对白棋的眼位构成直接威胁。白2提吃也是唯一的回应，此时白棋仍然保有一只真眼。

接下来黑3继续破坏眼形，不过看起来白棋仍然有后续手段。

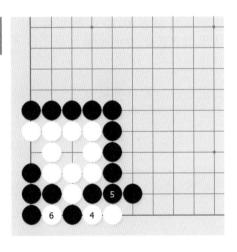

如图9，白4断吃是有力的反击。黑5粘之后，白6即可提吃，最终形成打劫。

本题中，白棋的最强抵抗值得留意。不过由于黑棋破坏眼形的思路连贯，沿着每一步的必然下法不难找到双方的最优解。

巩固自身

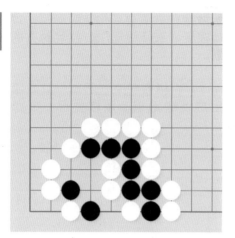

图 10

当己方棋形出现比较明显的弱点时，"巩固自身"就成为必要的防御步骤。如果自身棋形存在缺陷，即使空间充足也未必能实现做活的目标。

如图 10，黑棋面临气紧的问题，而且尚未做出两只真眼。黑棋先行，该如何行棋呢？

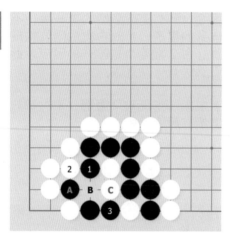

图 11

如图 11，黑 1 长巩固自身，只此一手，暂时解了燃眉之急。白 2 打吃之后，黑棋又面临新的考验；此时黑 3 提冷静，成功解决己方气紧的问题。

接下来白棋若于图中 B 位提回一子，黑 A 提吃三子，白 B 反提一子，黑 C 挡住，黑棋可以保证两眼净活。

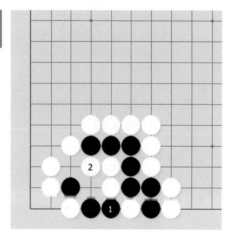

图 12

黑棋如果尝试在图 12 中的 1 位提，将会遭遇灭顶之灾。由于黑棋气紧，白 2 打吃之后已经形成"接不归"，黑棋全军覆没。

由此可见，巩固自身是做活过程中的关键一步，不可小觑啊！

寻找缺陷

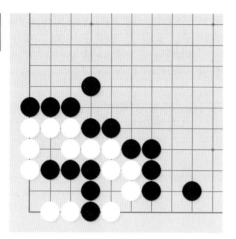

图 13

如果需要寻找做活或杀棋的头绪，"寻找缺陷"是探索突破口的好方法。找准对方的缺陷之后，就可以果断出击，收获理想的结果。

图 13 中，左下角黑棋的棋子和白棋的棋子扭打在一起，似乎即将展开一场难解难分的对杀。黑棋先行，该如何行棋呢？

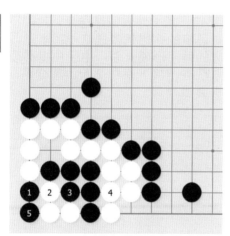

图 14

如图 14，黑 1 扳找到了白棋棋形存在的缺陷，尝试将左下角的两颗白子与其他部分的白棋切断。

对此白棋若不做抵抗，对杀时显然气数不够。白 2 断，黑 3 打吃，白 4 打吃，黑 5 提吃是必然进行，接下来会发生什么呢？

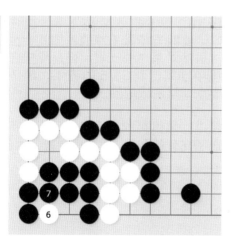

图 15

如图 15，白 6 打吃、黑 7 粘之后，角里形成了"有眼杀无眼"的形状，白棋无条件被杀。

本题中，黑棋通过寻找缺陷的方法果断出击，找到白棋棋子之间的软肋，果然非同凡响。

利用残子

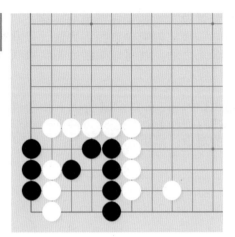

图 16

在某些情形中，对方的棋形可能包围着己方的棋子，这些己方棋子称为"残子"。通过"利用残子"的手法寻找对方阵地中的余味，往往可以出奇制胜。

如图 16，目前左侧的三颗黑子已被白棋包围，但右侧的棋也许还有做活的希望。黑棋先行，该如何行棋呢？

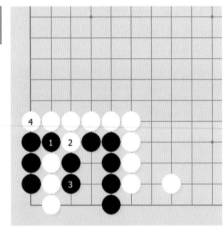

图 17

如图 17，黑 1 冲看似是送死，其实不然。此时黑棋的构想是多送吃一颗棋子，利用己方的残子形成对杀；由于白棋必须确保对杀获胜，接下来白 2 断、黑 3 贴、白 4 紧气必然。

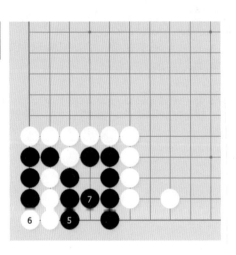

图 18

如图 18，黑 5 打吃又是先手，白 6 只能提吃。此时当初黑 1 冲的意图就十分明显了：虽然对杀白快一气，但是黑棋在收气过程中连续走到 3、5 的先手，黑 7 再占领要点即可两眼成活。

本题中，黑棋采取弃子战术，为利用残子创造了充分的条件，成功保全己方大部队。

舍小就大

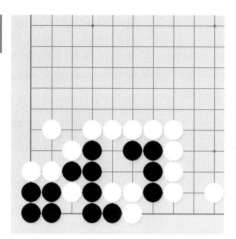

图 19

在面临当下既得利益和未来长远利益的选择时，为了确保未来更好的结果，通常会采用"舍小就大"、顾全大局的战略思想。

如图 19，左下角的四颗黑子和一颗白子都只剩下最后一口气，不过此时整块黑棋的死活才是当务之急。黑棋先行，该如何行棋呢？

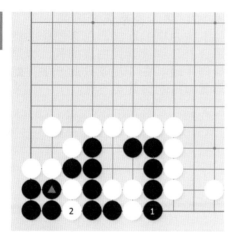

图 20

如图 20，黑 1 舍弃左下角的既得利益，阻断右侧三颗白子的联络，是舍小就大的关键。

接下来白 2 提掉四颗呈方块状的黑子，收获不小。然而这样的形状经常会为"倒脱靴"创造机会，黑 3 再打吃即可吃回两颗白子。然而，等待着黑棋的还有另一波攻势。

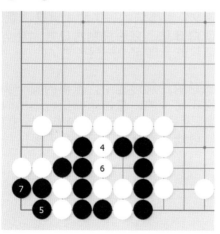

图 21

如图 21，白 4 继续冲是最强的抵抗，利用黑棋气紧的缺陷救出下方三颗白子，同时割下右侧的五颗黑子。不过黑 5 提、白 6 粘之后，黑 7 挡，黑棋即可在角里巧妙地做出第二只真眼。

本题中，黑棋坚持舍小就大的方针，在一波三折之后终于成功净活。正解过程中，双方的最强抵抗都十分精彩，可谓得而复失、失而复得的经典棋形啊！

追求紧凑

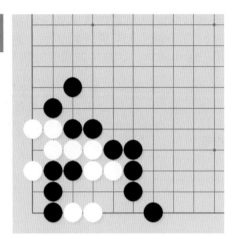

图 22

在死活问题中，每一步棋的时机和位置都很重要，任何一刻的松懈，都有可能错过正解。因此，在考虑行棋次序和手法时，应该尽量"追求紧凑"，充分发挥每一颗棋子的效能。

如图 22，左下角的四颗黑子已经被外围的白子包围，需要精确的手法才能展开反攻。黑棋先行，该如何行棋呢？

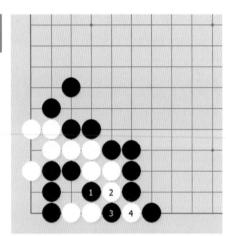

图 23

如图 23，黑 1 挖是最紧凑的一手，意在威胁下方白棋的联络，白 2 挡住必然。此时黑 3 扑，继续紧住白棋的气，也是此时的最佳手段。白 4 提吃只此一手；此时的棋形看似打劫，其实不然。

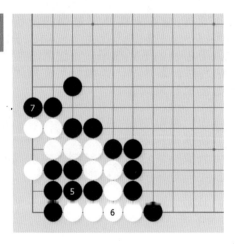

图 24

如图 24，黑棋牺牲一子的本意是在黑 5 粘，迫使白 6 粘上之后只剩两口气；黑 7 再从上面打吃，即可快一气杀白。

在本题的正解过程中，黑棋的每一步棋都是必不可少的，总是选择最合适的时机与位置。杀棋时如果可以保持步步追求紧凑，那么成功也许就在不远处招手呢！

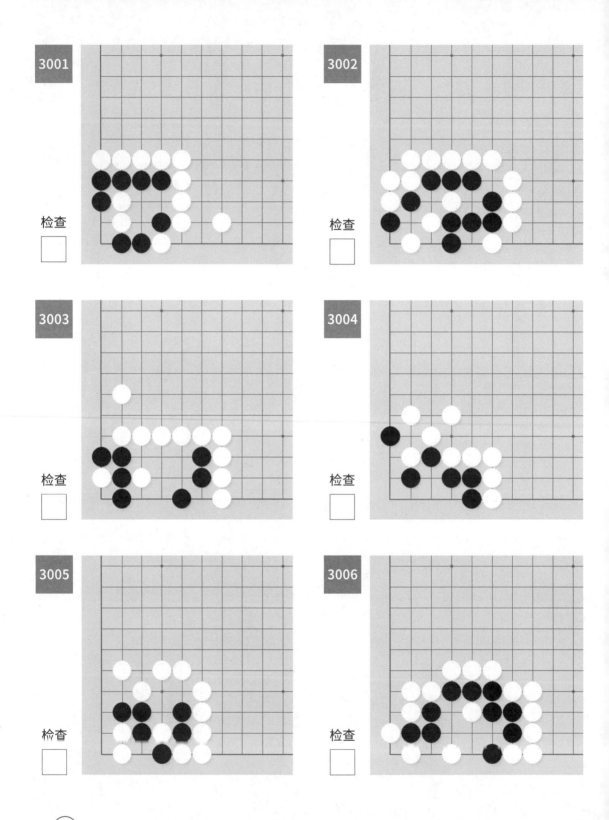

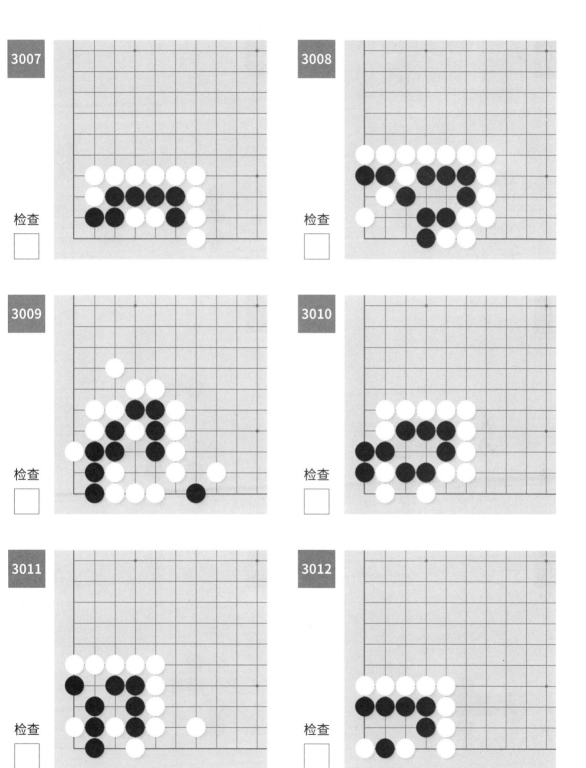

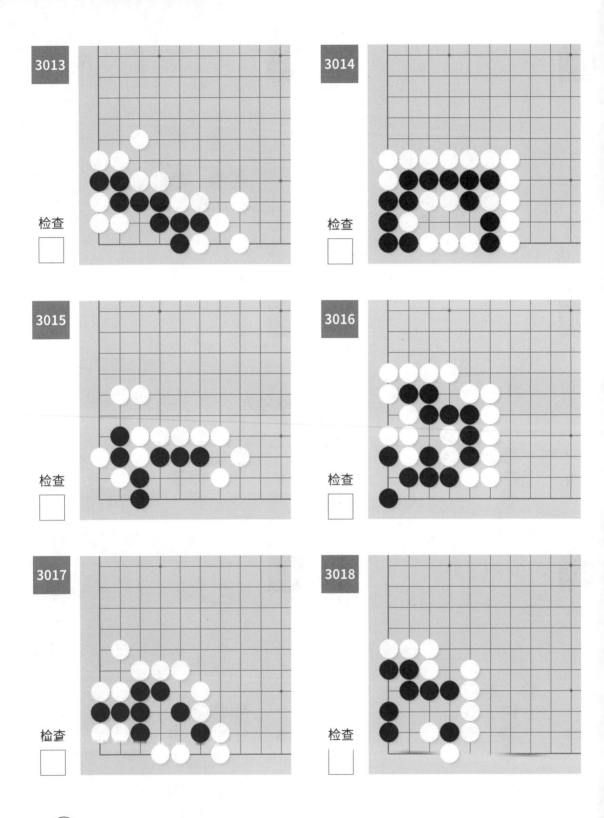

3019

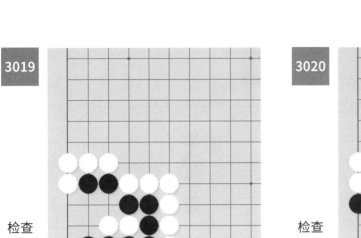

检查

3020

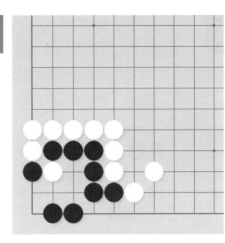

检查

3021

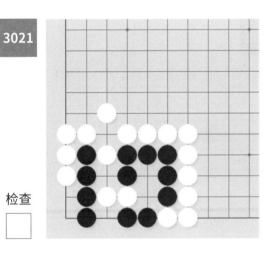

检查

3022

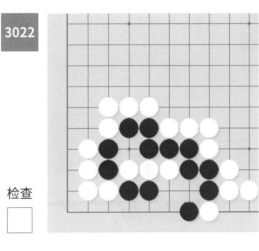

检查

3023

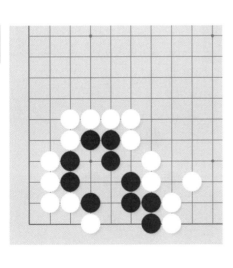

检查

3024

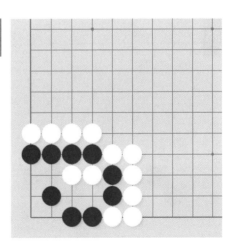

检查

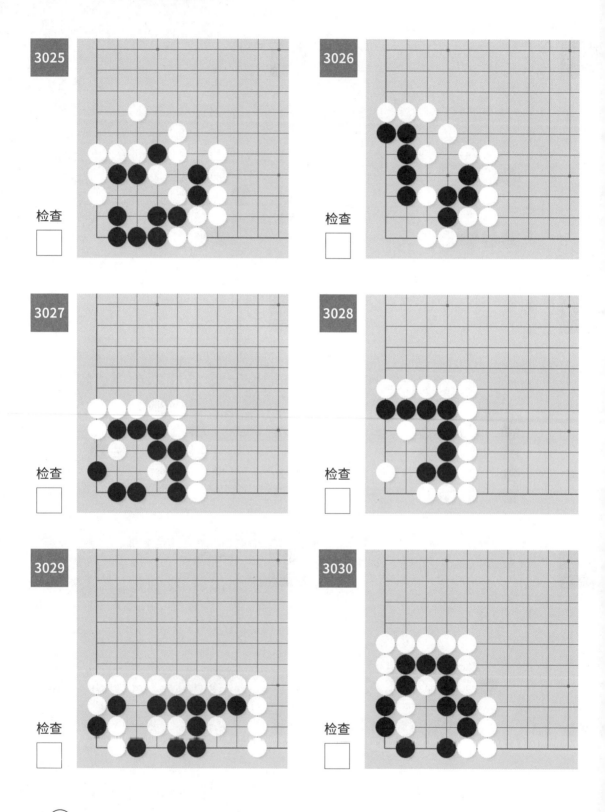

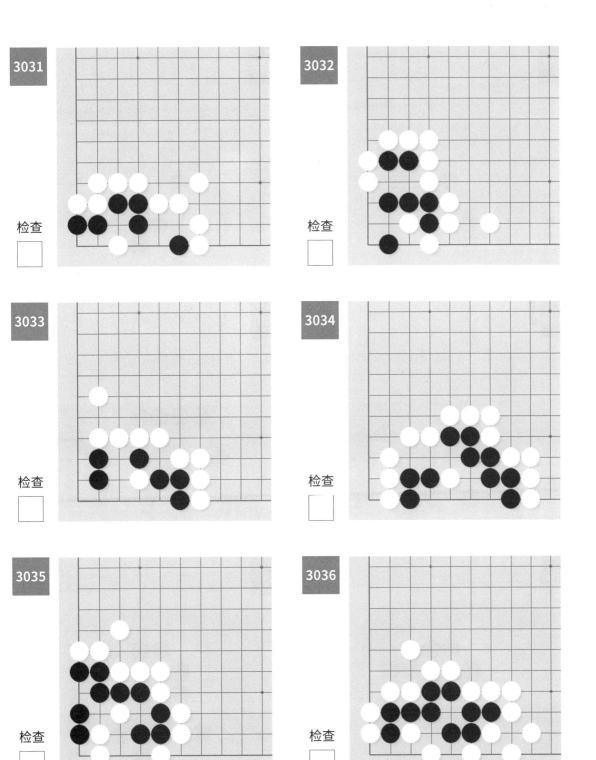

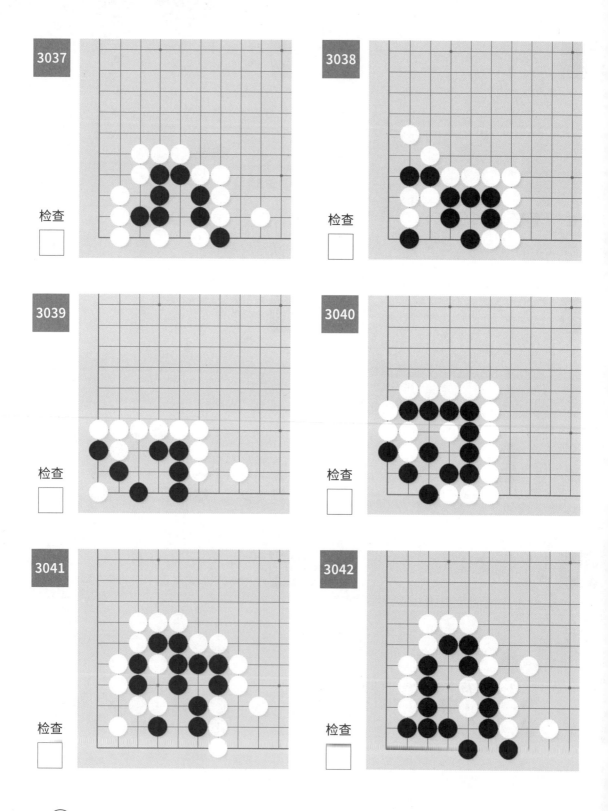

3043

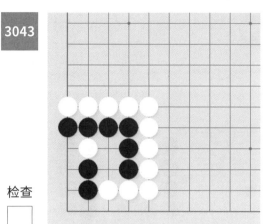

检查

3044

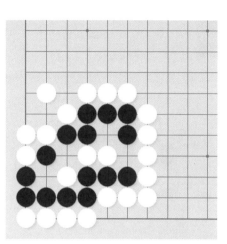

检查

3045

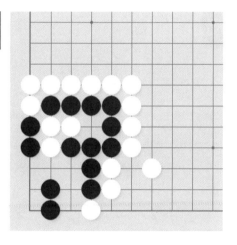

检查

3046

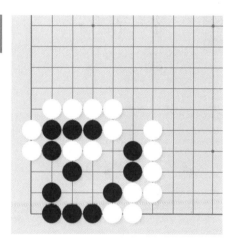

检查

3047

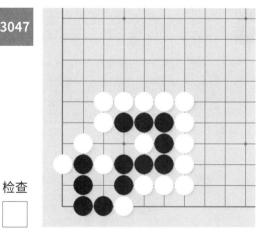

检查

3048

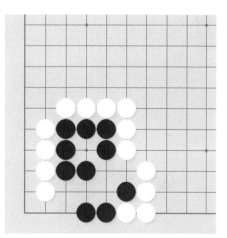

检查

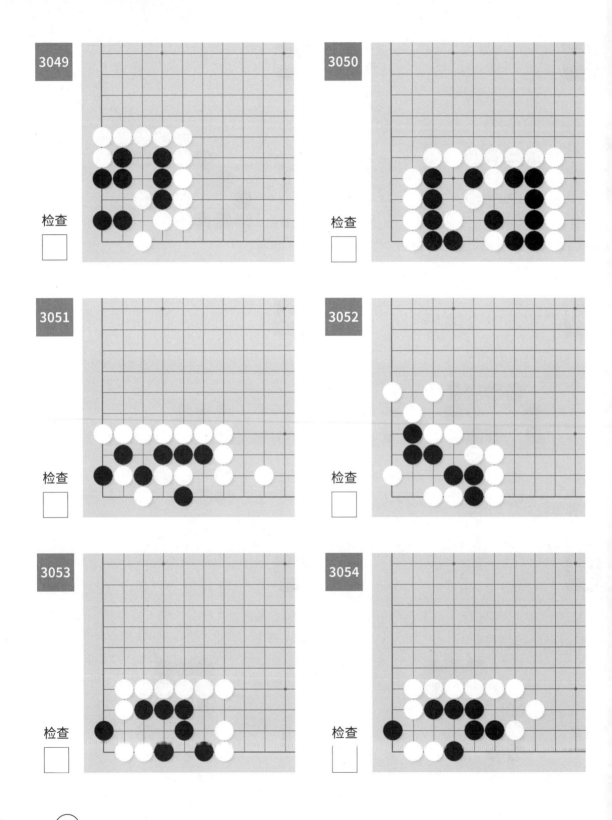

3049　检查

3050　检查

3051　检查

3052　检查

3053　检查

3054　检查

3055
检查

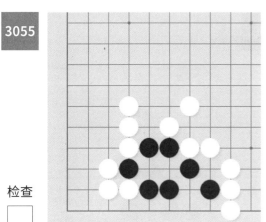

3056
检查

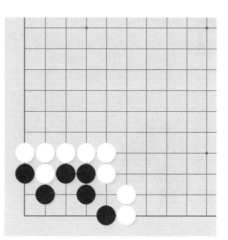

3057
检查

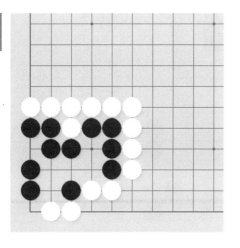

3058
检查

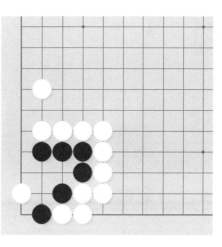

3059
检查

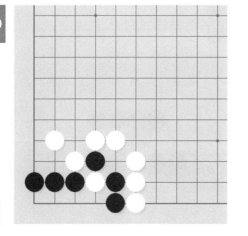

3060
检查

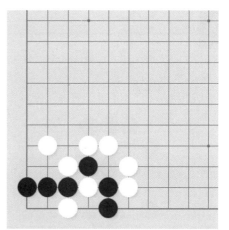

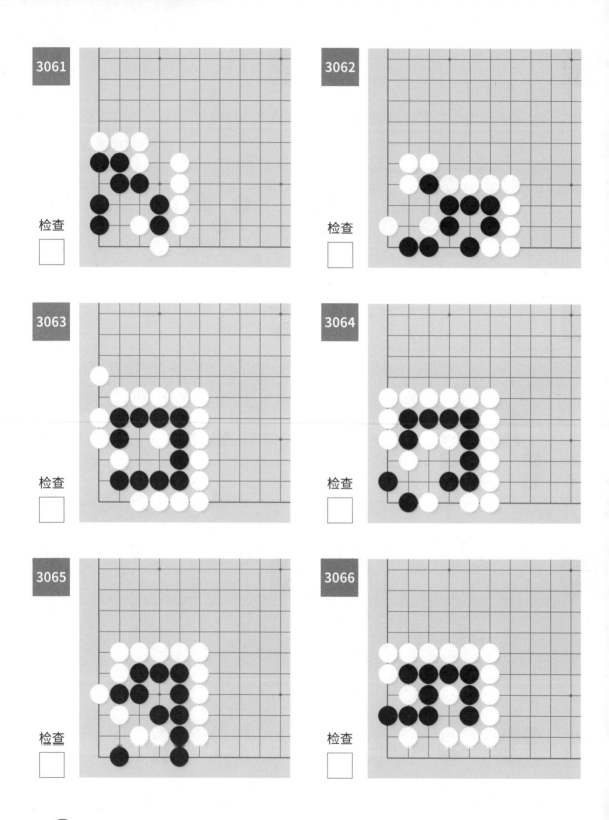

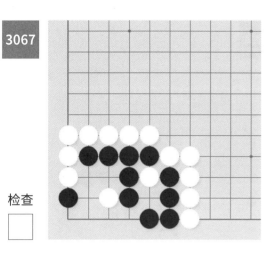

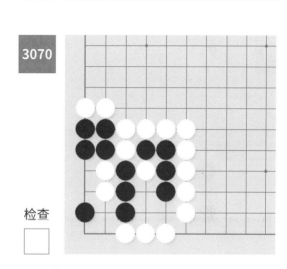

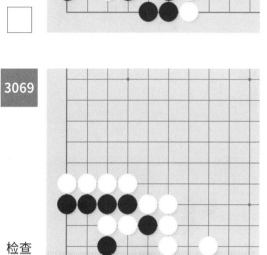

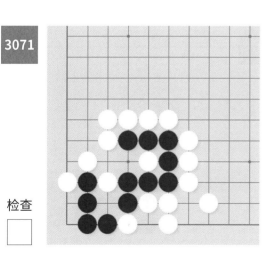

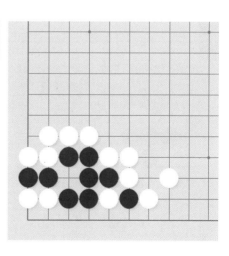

3067

3068

3069

3070

3071

3072

检查

检查

检查

检查

检查

检查

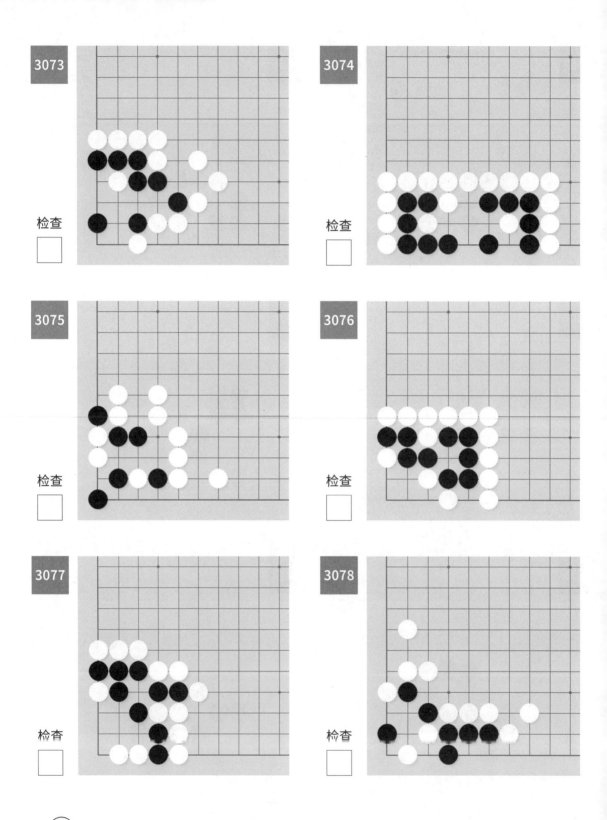

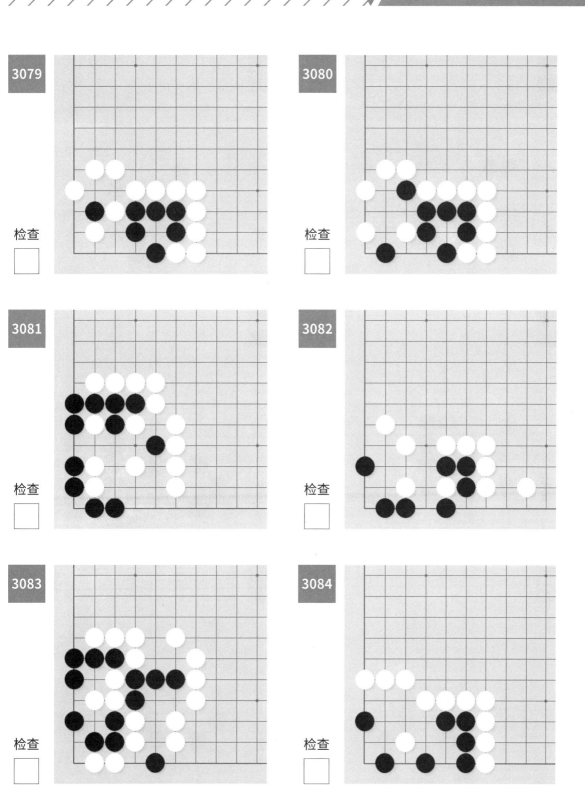

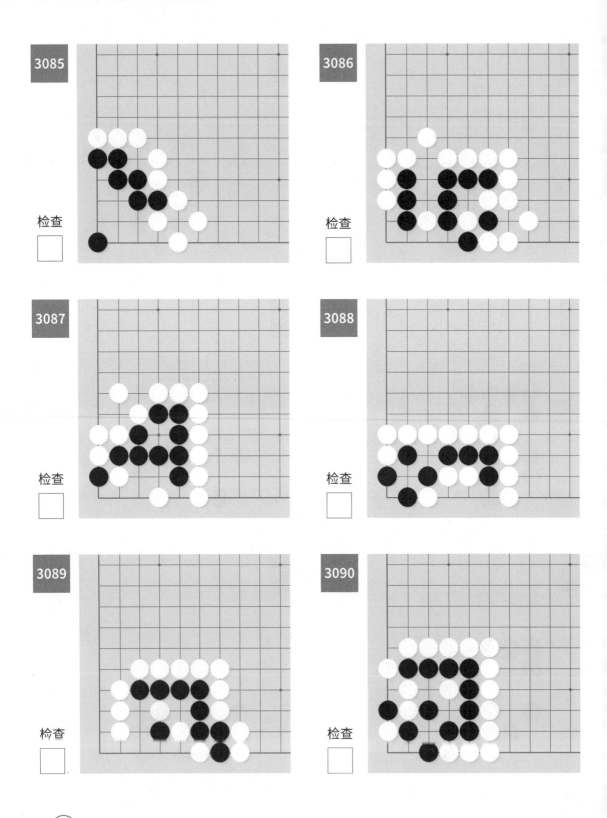

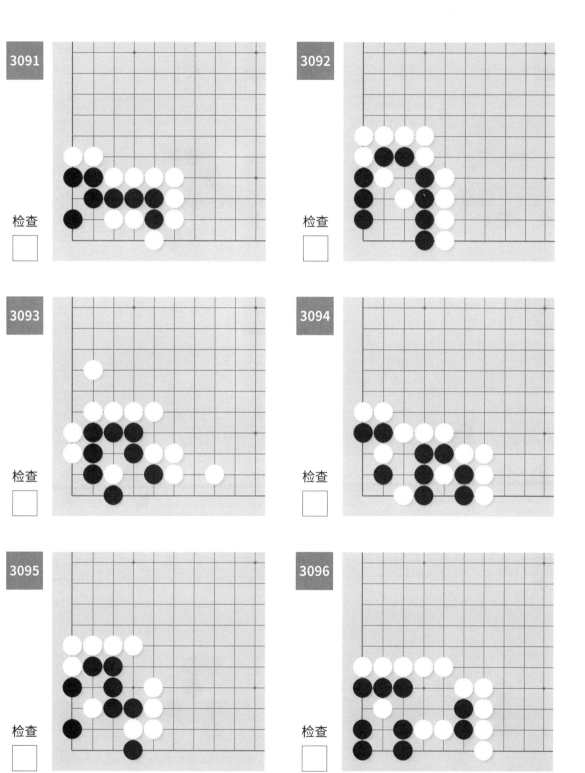

3091

3092

检查

3093

3094

检查

3095

3096

检查

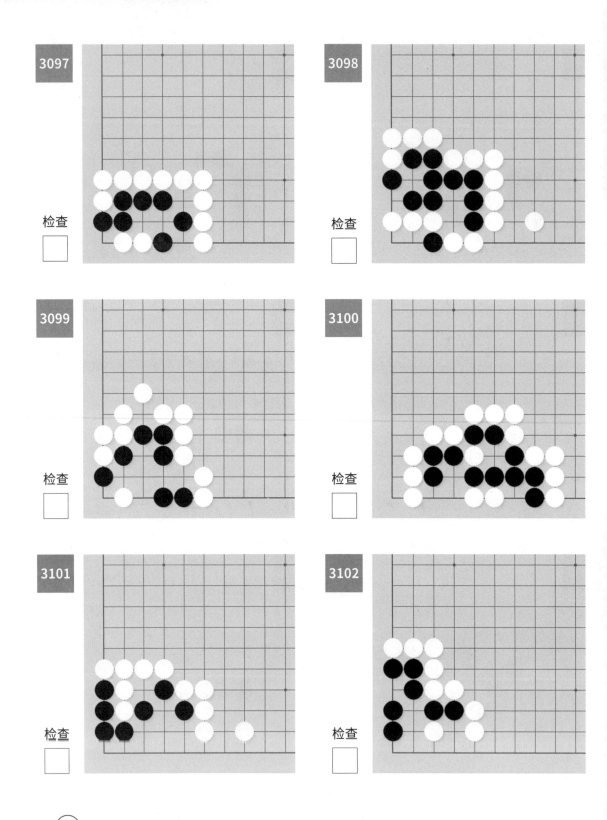

3103

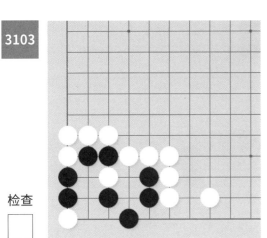

检查

3104

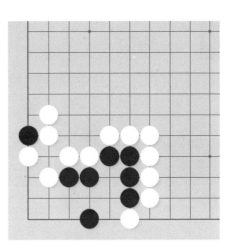

检查

3105

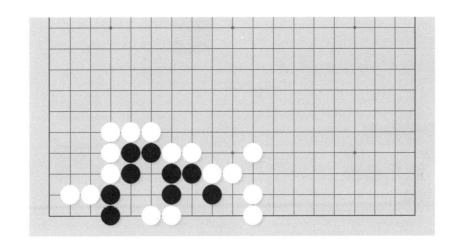

检查

3106

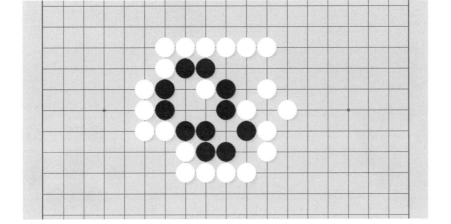

检查

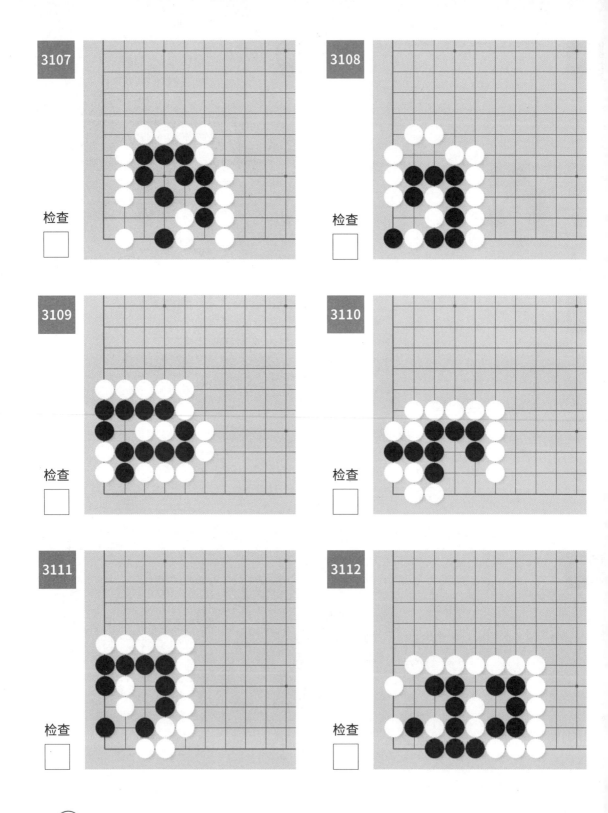

3113

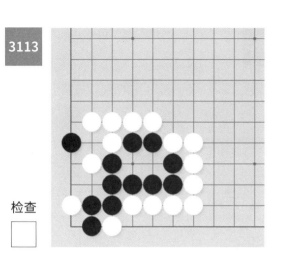

检查

3114

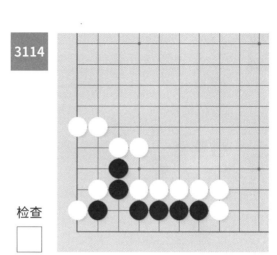

检查

3115

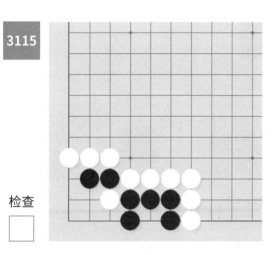

检查

3116

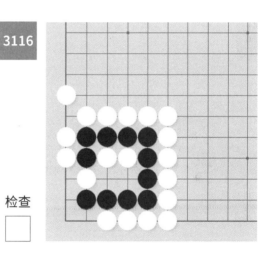

检查

3117

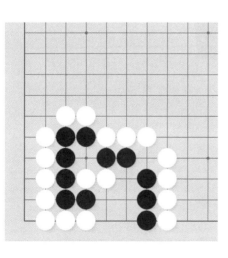

检查

3118

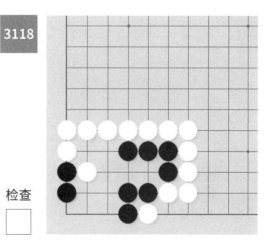

检查

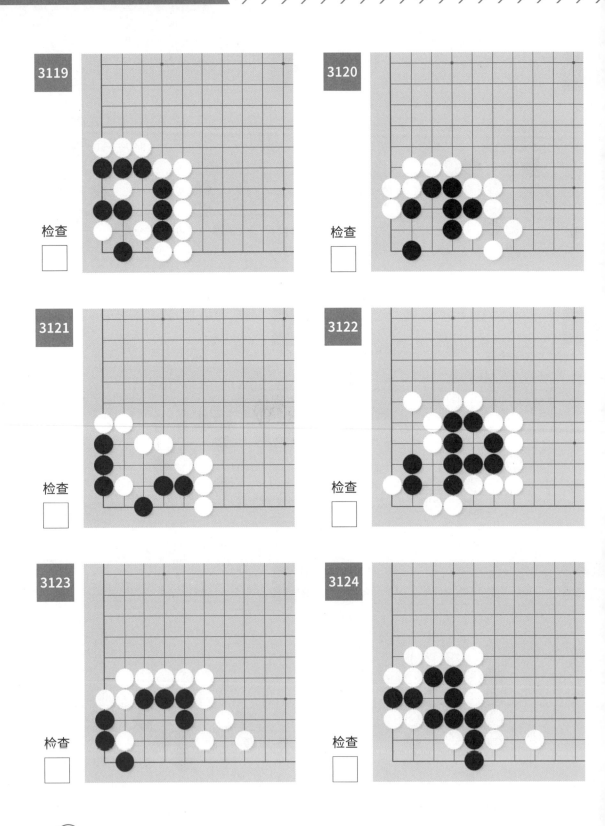

3125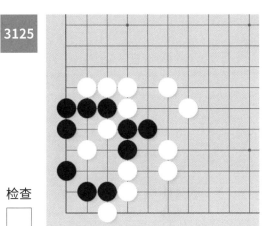

检查 □

3126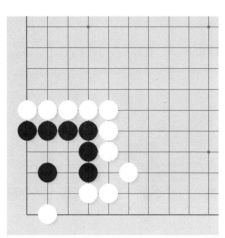

检查 □

3127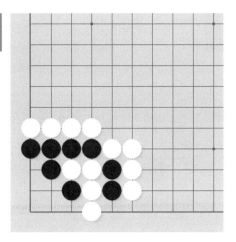

检查 □

3128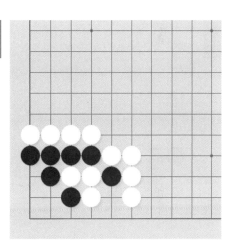

检查 □

3129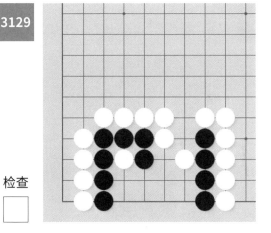

检查 □

3130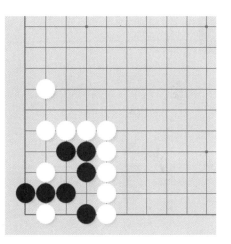

检查 □

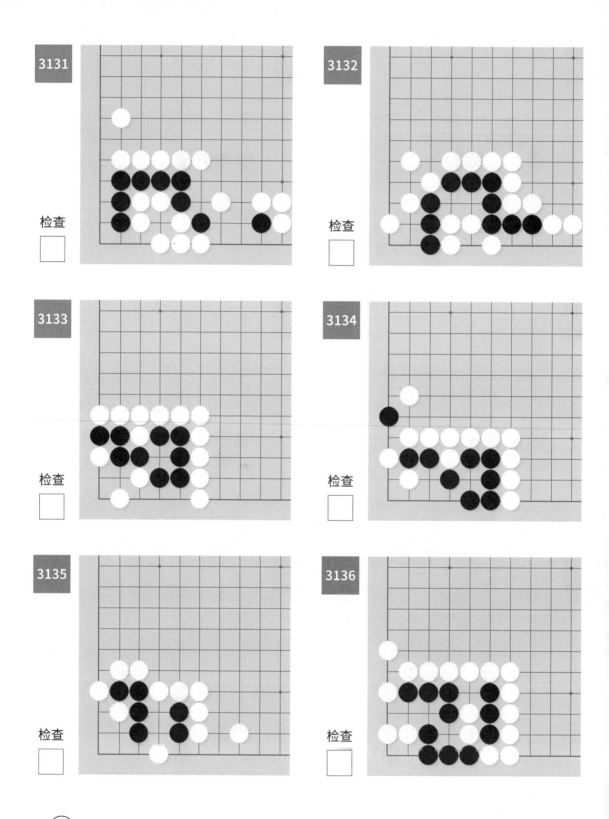

3137

检查

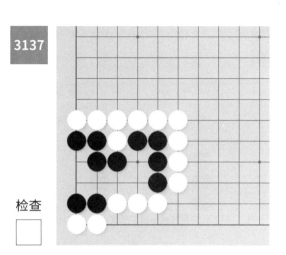

3138

检查

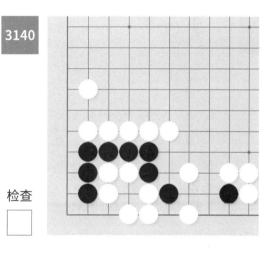

3139

检查

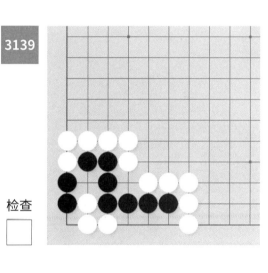

3140

检查

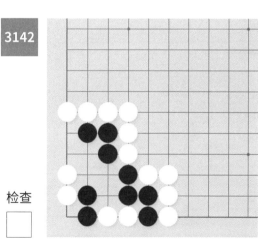

3141

检查

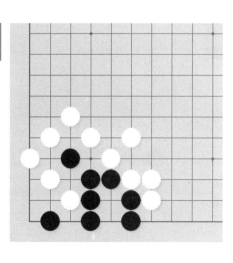

3142

检查

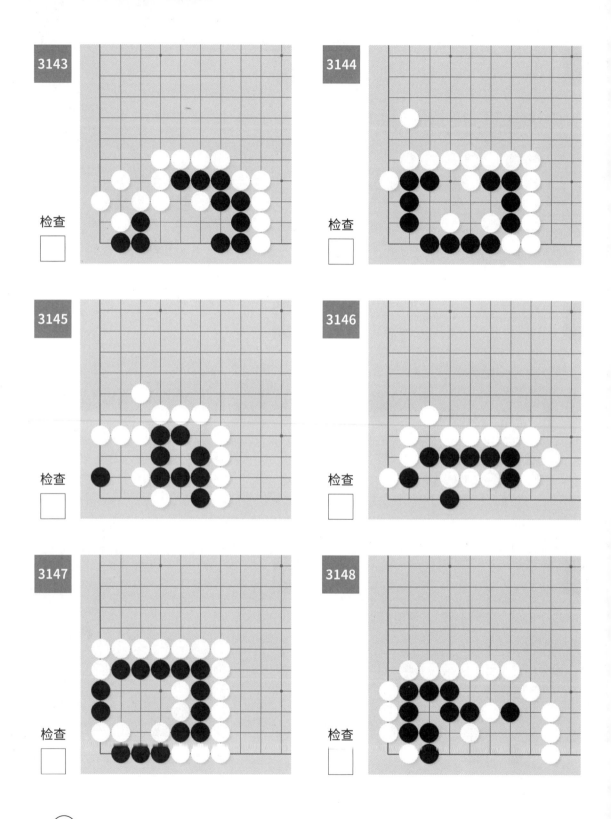

3143

检查

3144

检查

3145

检查

3146

检查

3147

检查

3148

检查

3149 检查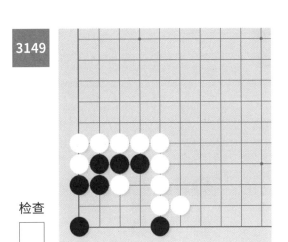

3150 检查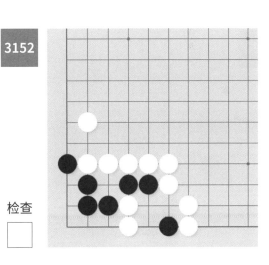

3151 检查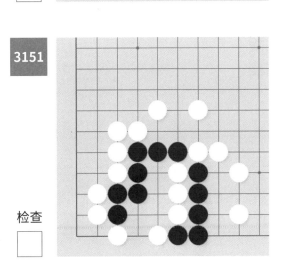

3152 检查

3153 检查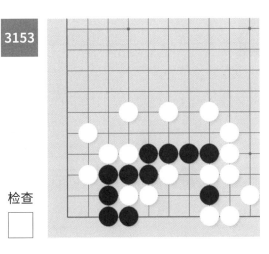

3154 检查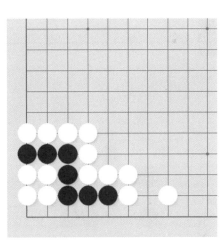

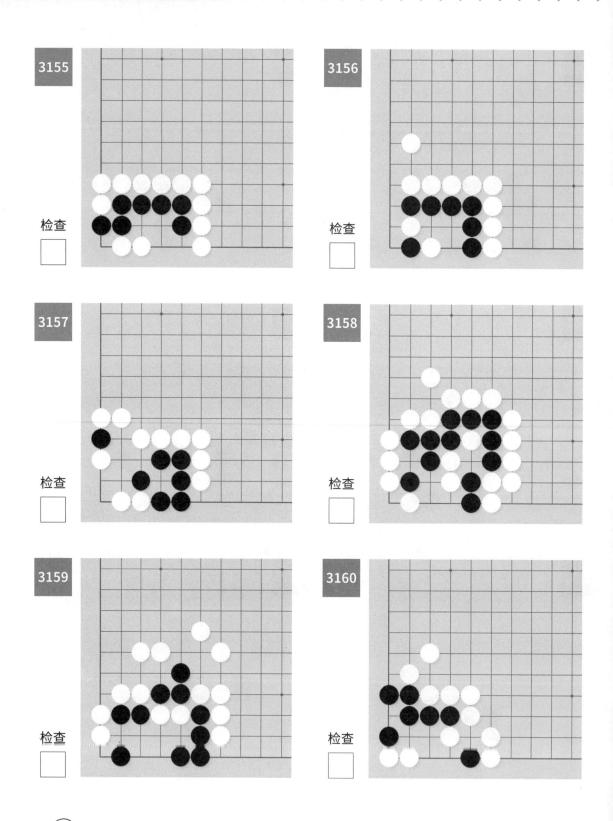

3161
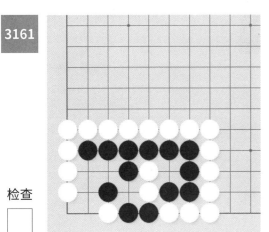
检查

3162
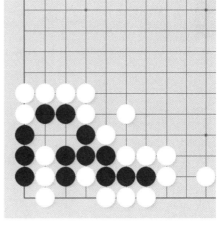
检查

3163
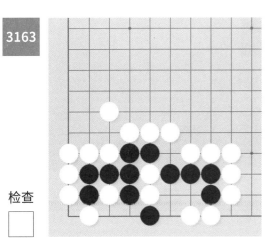
检查

3164
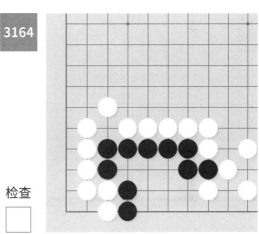
检查

3165
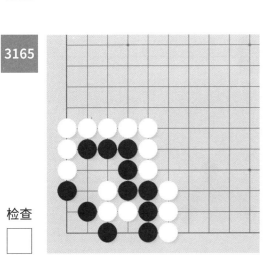
检查

3166
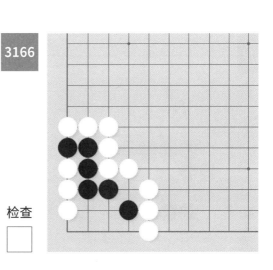
检查

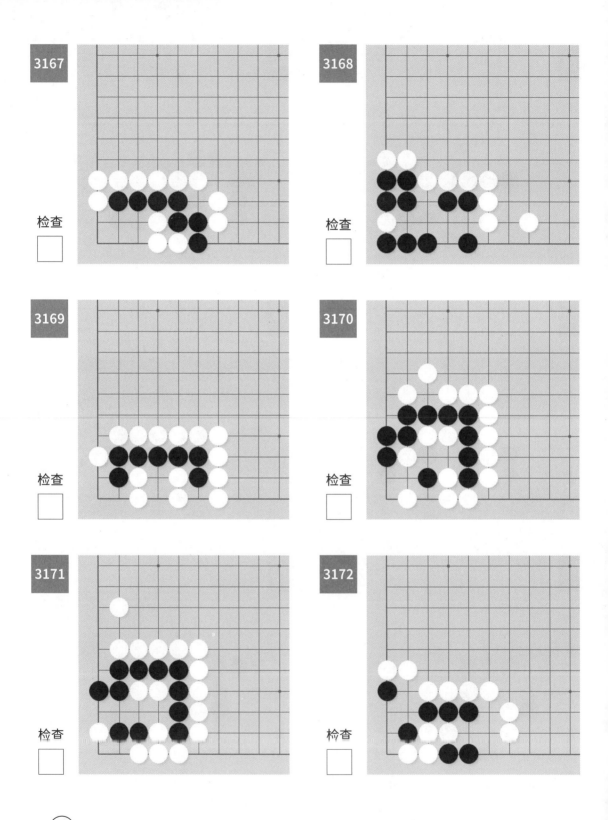

3167　检查

3168　检查

3169　检查

3170　检查

3171　检查

3172　检查

3173

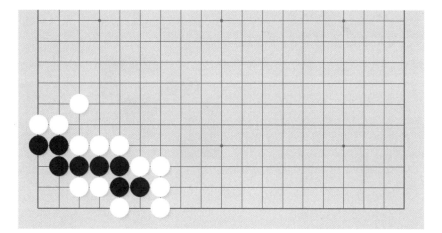

检查

3174

检查

3175

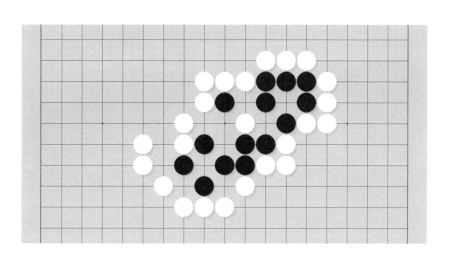

检查

3176

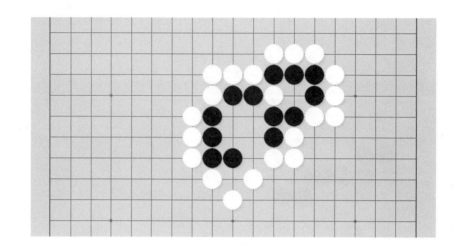

检查

3177

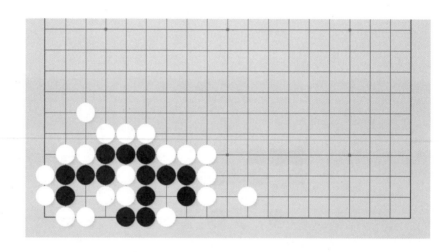

检查

3178

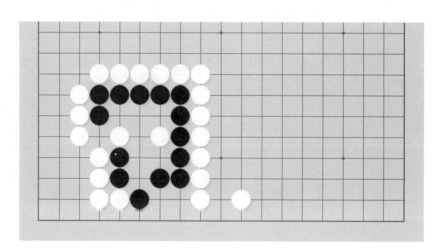

检查

3179

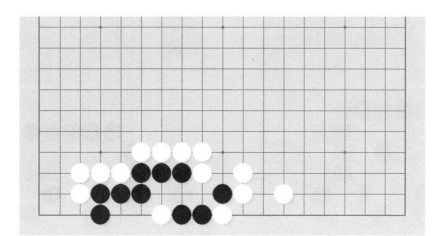

检查

梦境

听说许多诘棋创作者都曾在梦中创题，那我也会吗？

是的，我也曾在梦中创题好几次。因为前几次第二天醒来就忘记了，以至于只要后来有这种梦中的创作，我就会赶快爬起来，记录到电脑中。通常梦中创题那天的早晨会是美好且快乐的。

——陈禧

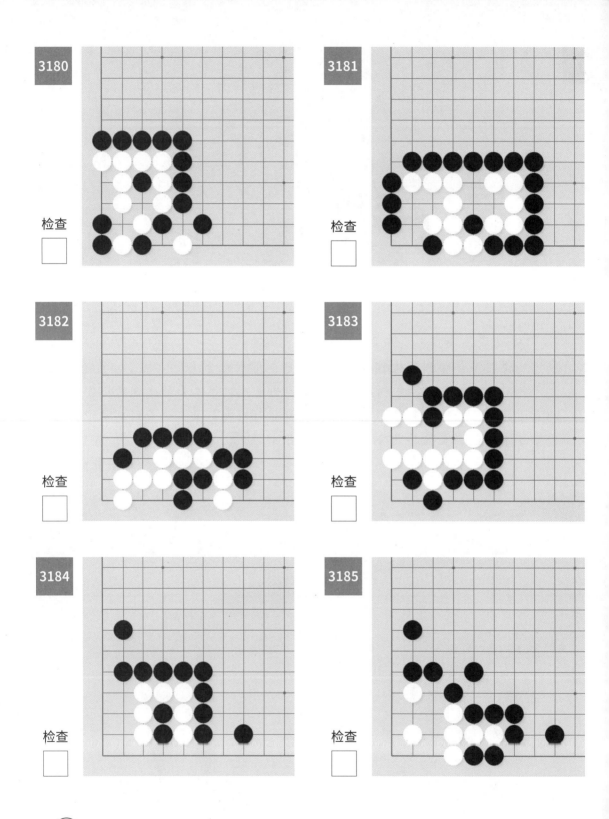

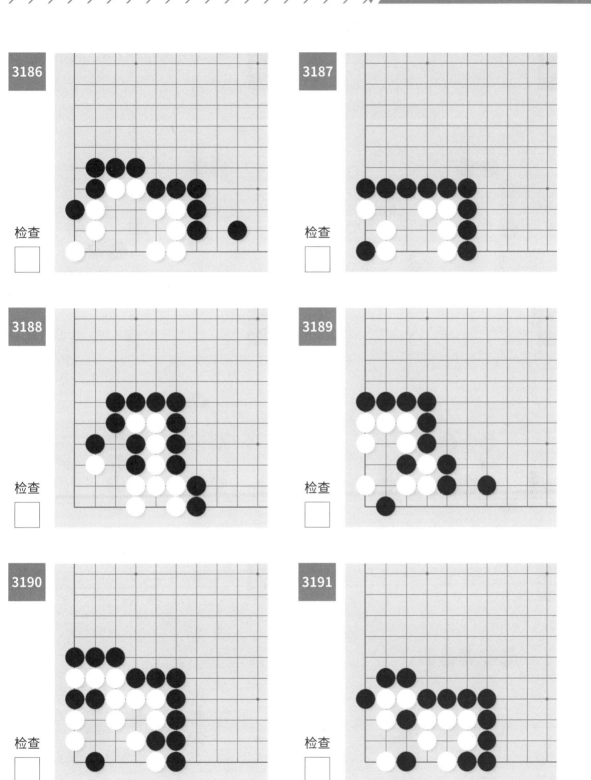

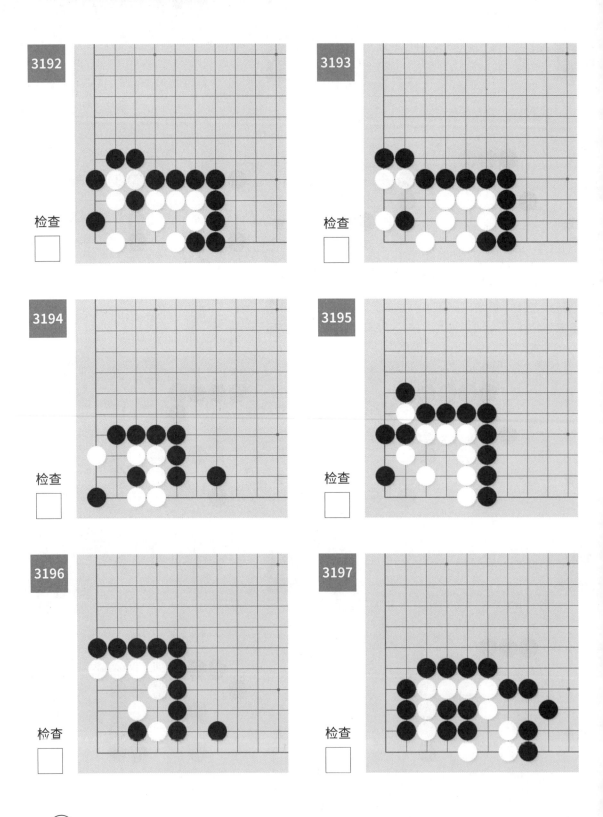

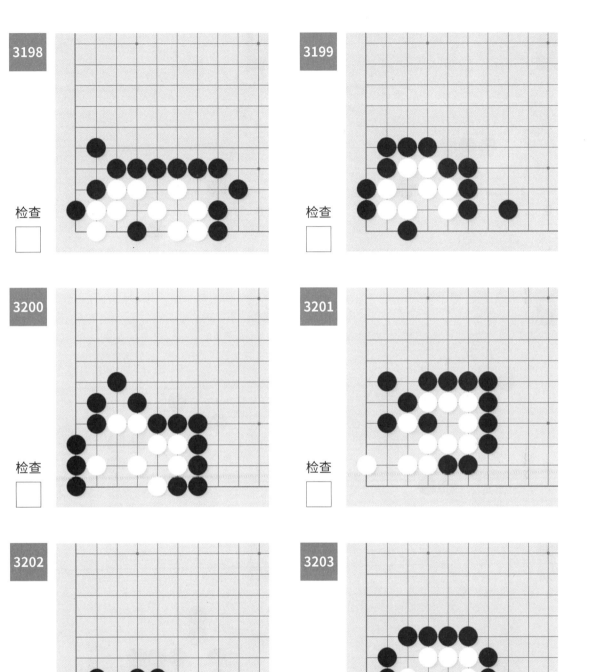

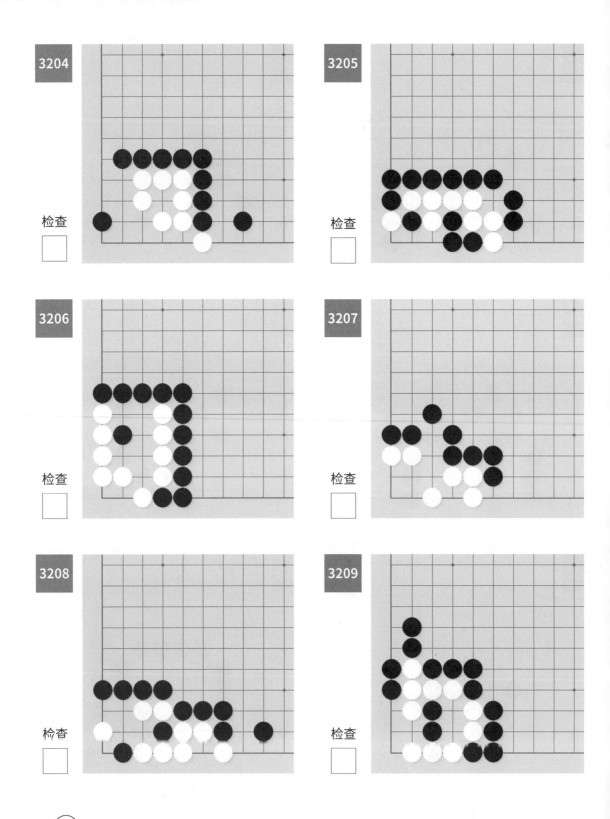

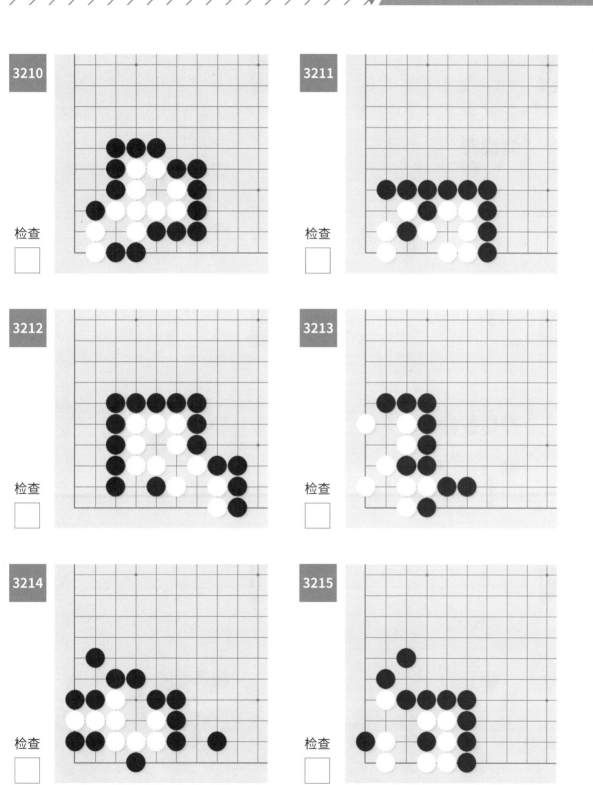

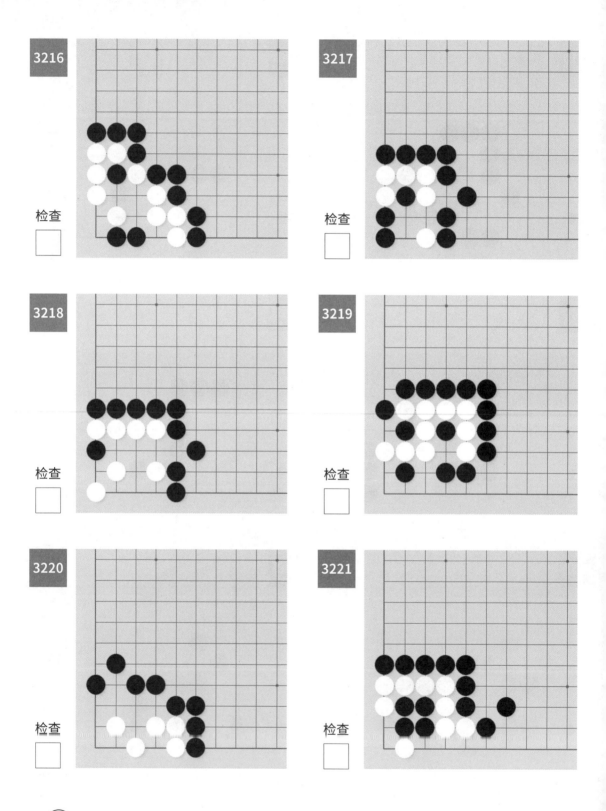

3222

检查

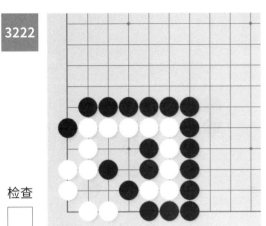

3223

检查

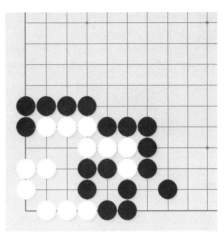

3224

检查

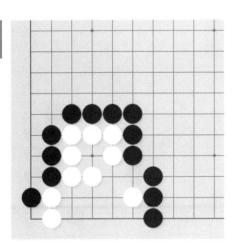

3225

检查

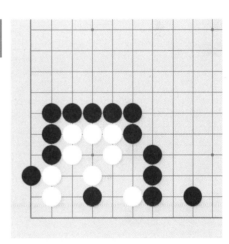

3226

检查

3227

检查

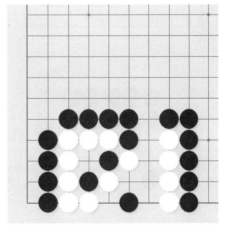

49

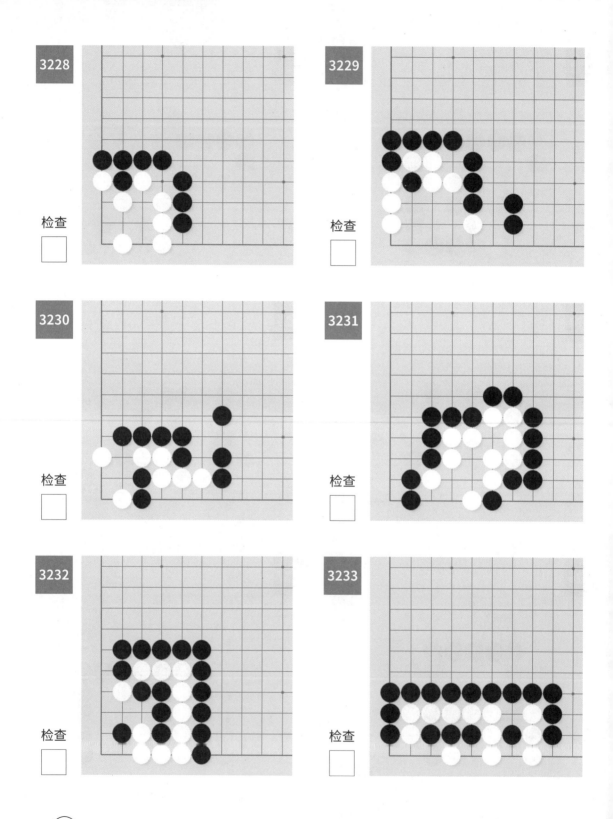

3228 检查

3229 检查

3230 检查

3231 检查

3232 检查

3233 检查

3234

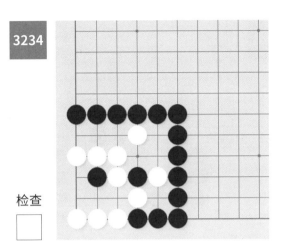

检查

3235

3236

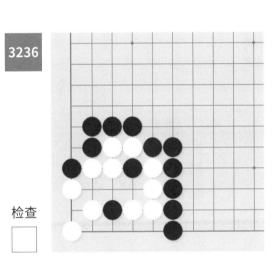

检查

3237

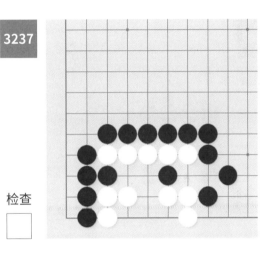

检查

3238

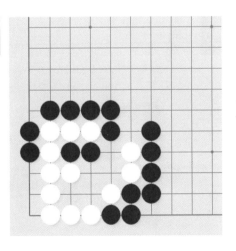

检查

3239

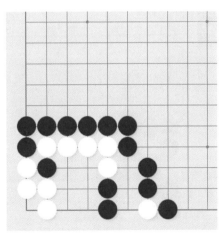

检查

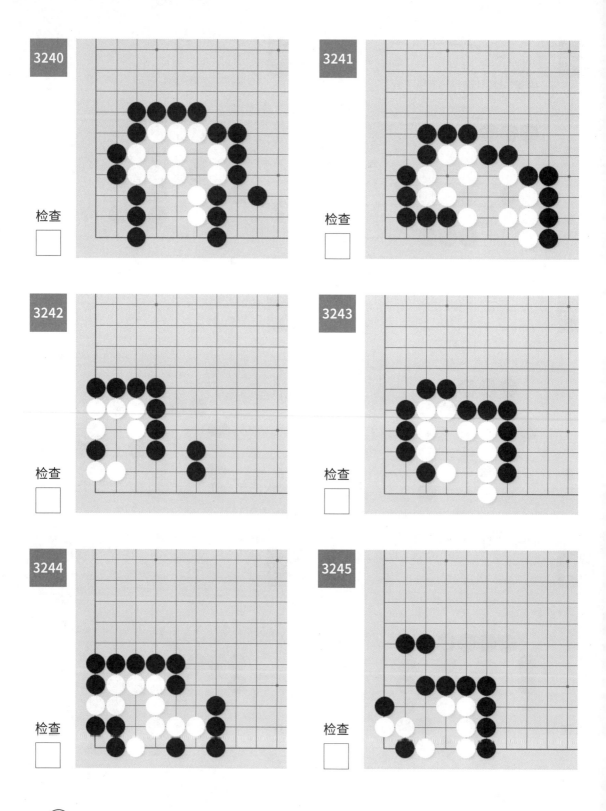

3240　检查

3241　检查

3242　检查

3243　检查

3244　检查

3245　检查

3246

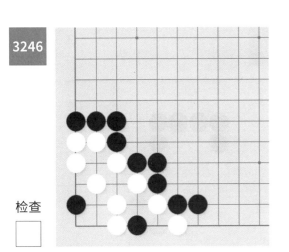

检查

3247

检查

3248

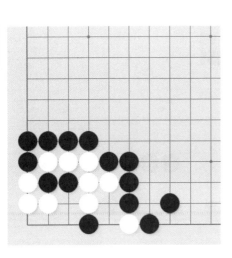

检查

3249

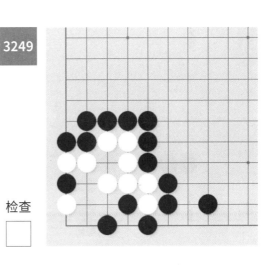

检查

3250

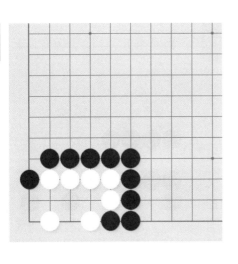

检查

3251

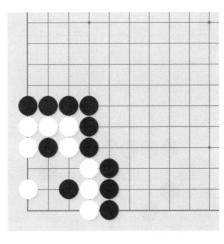

检查

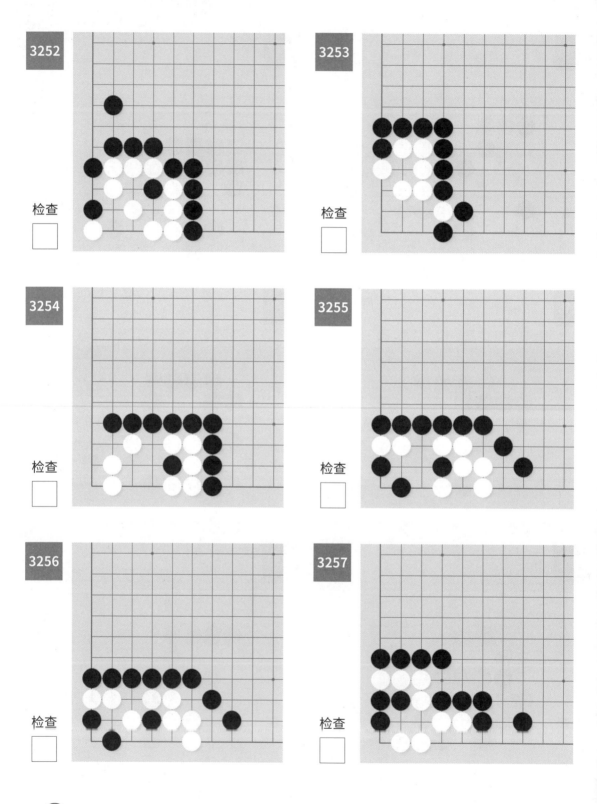

3252　检查

3253　检查

3254　检查

3255　检查

3256　检查

3257　检查

3258

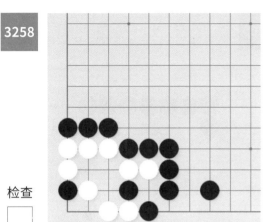

检查

3259

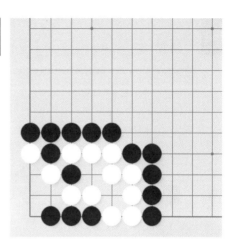

检查

3260

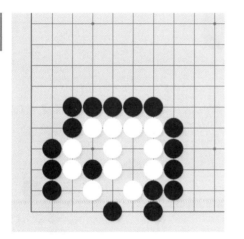

检查

3261

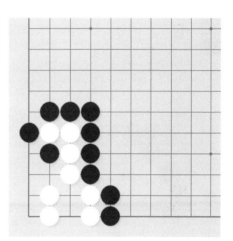

检查

3262

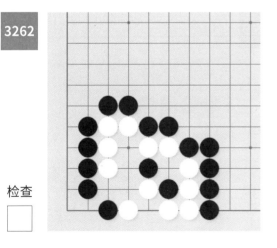

检查

3263

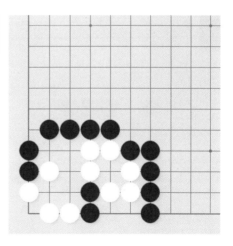

检查

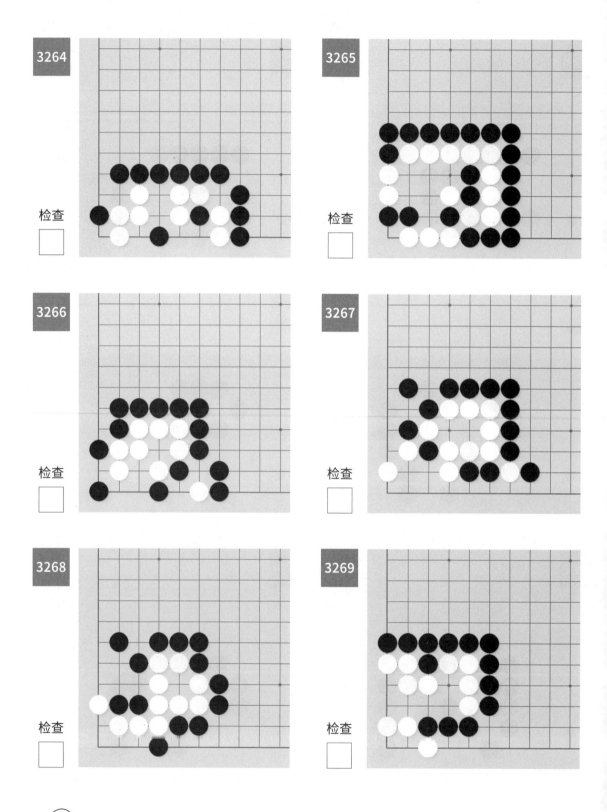

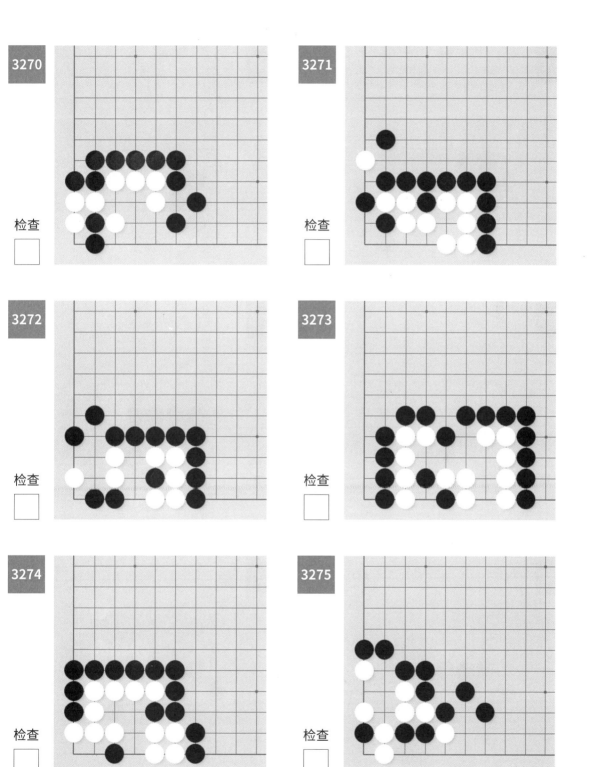

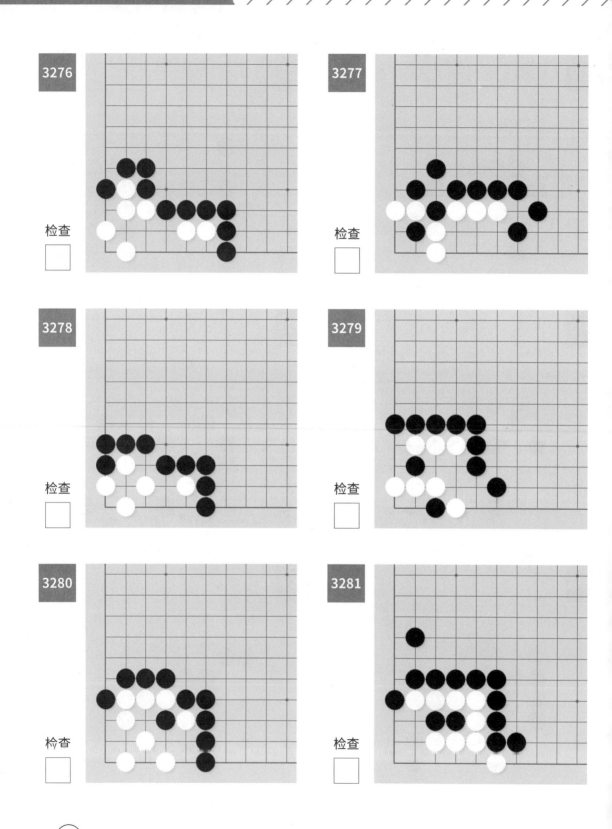

3282

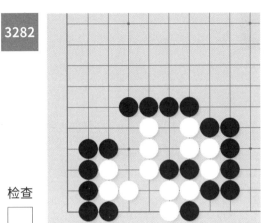

检查

3283

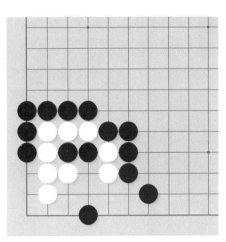

检查

3284

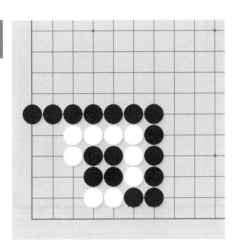

检查

3285

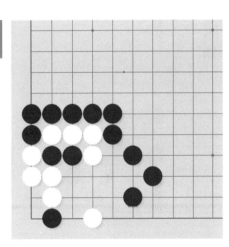

检查

3286

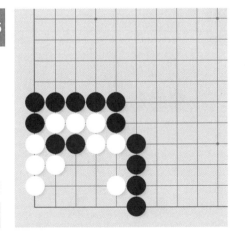

检查

3287

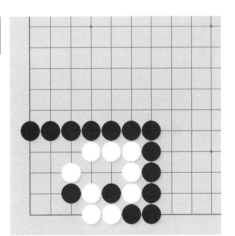

检查

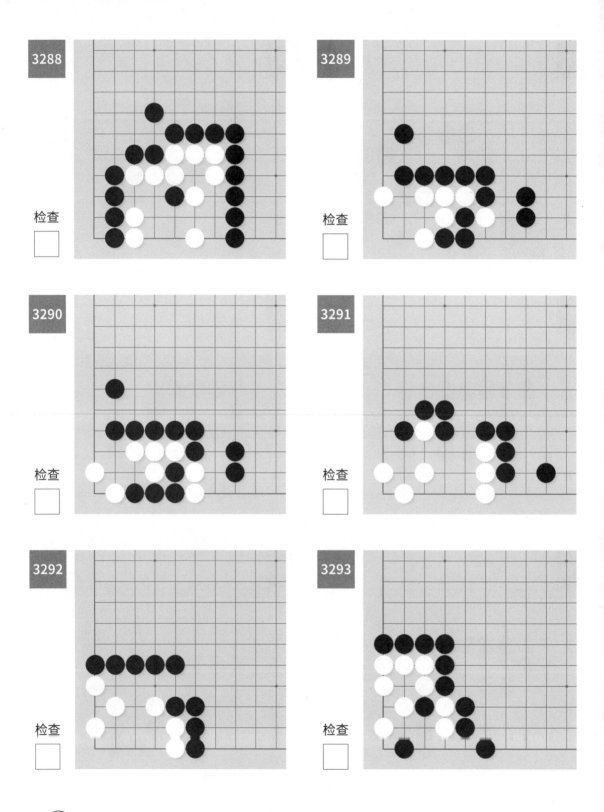

3288

检查

3289

检查

3290

检查

3291

检查

3292

检查

3293

检查

3294

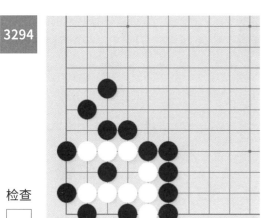

检查

3295

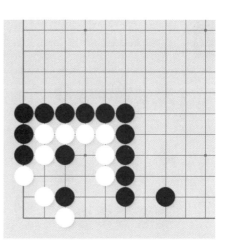

检查

3296

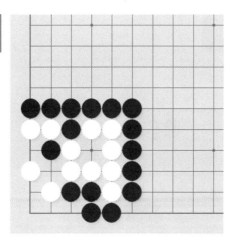

检查

3297

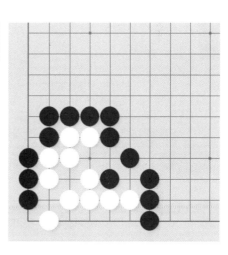

检查

3298

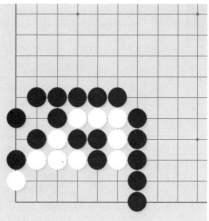

检查

3299

检查

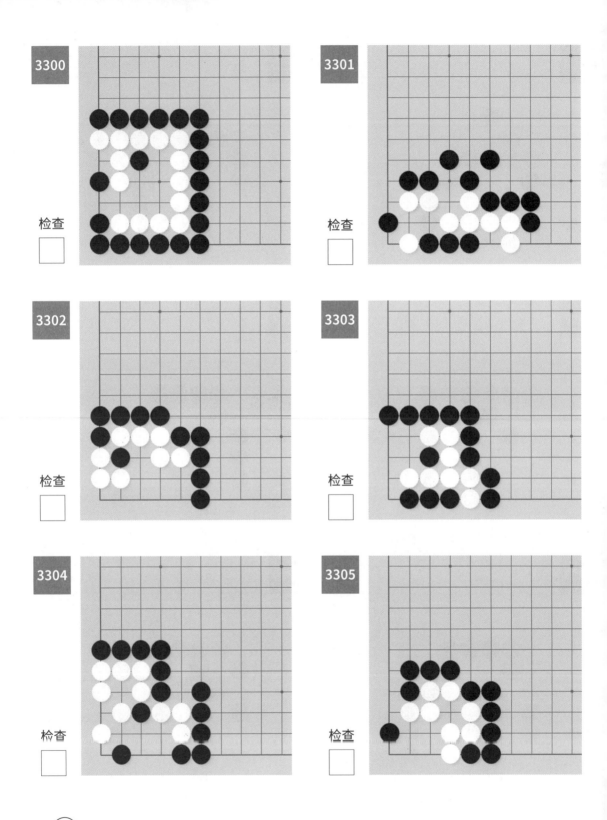

3306

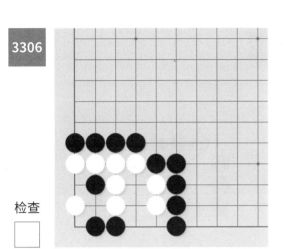

检查

3307

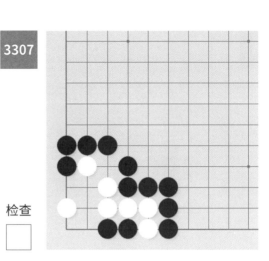

检查

3308

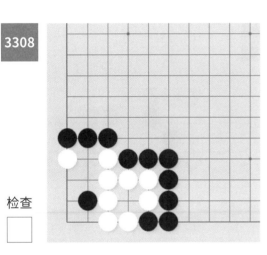

检查

3309

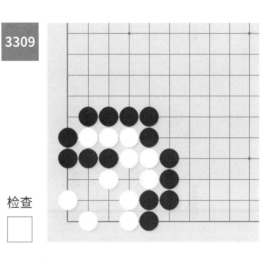

检查

3310

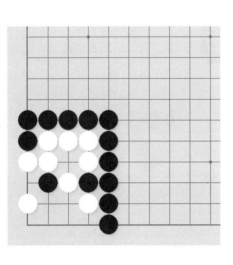

检查

3311

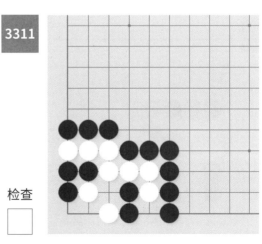

检查

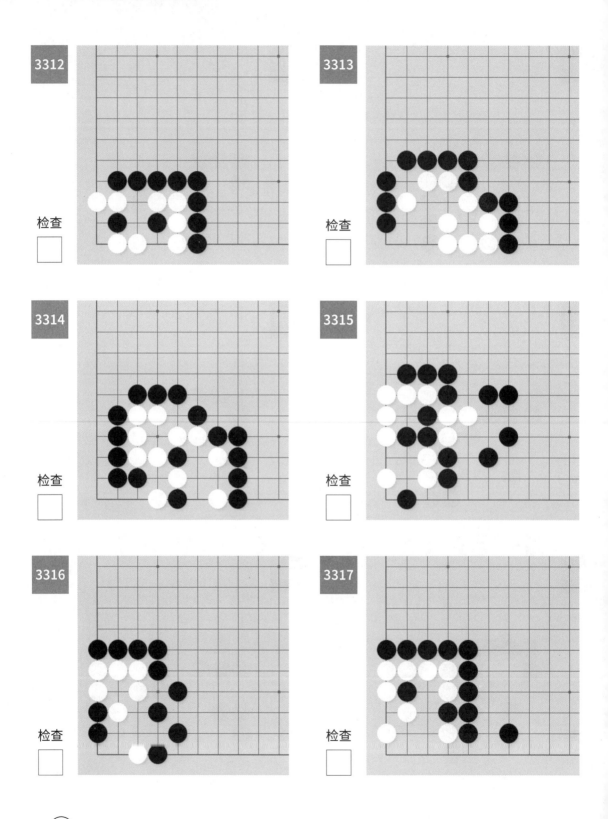

3318

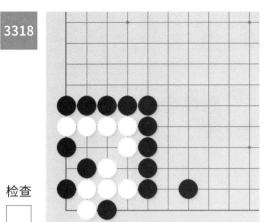

检查

3319

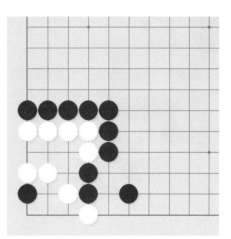

检查

3320

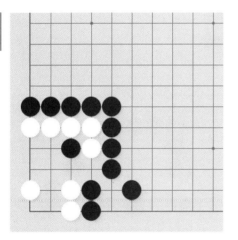

检查

3321

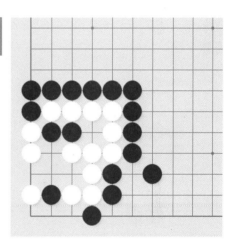

检查

3322

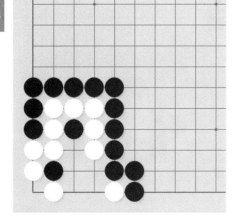

检查

3323

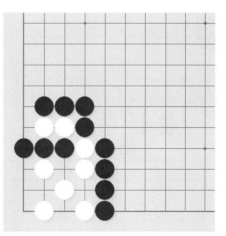

检查

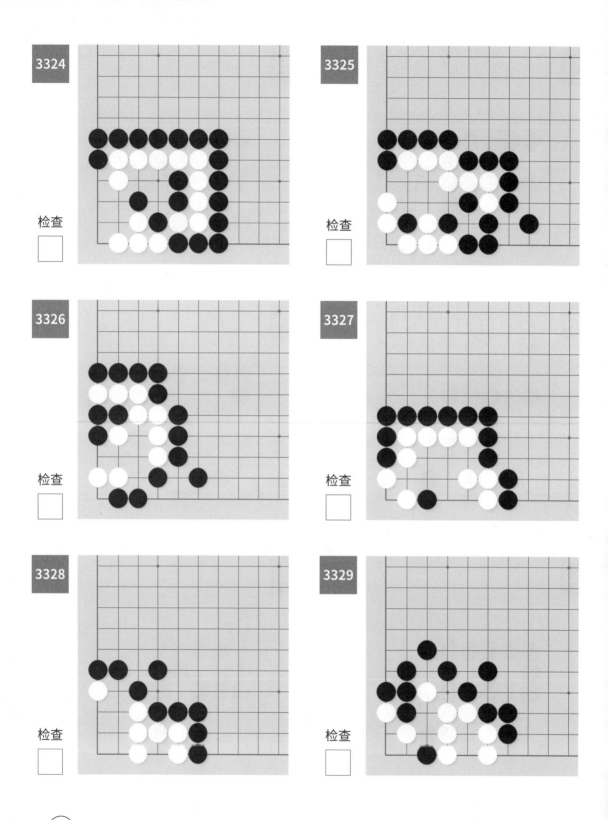

3330

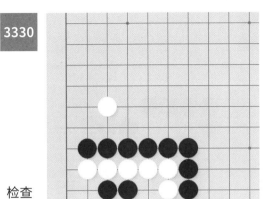

检查

3331

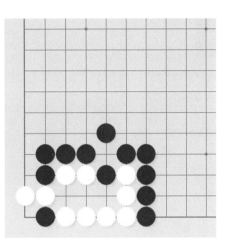

检查

3332

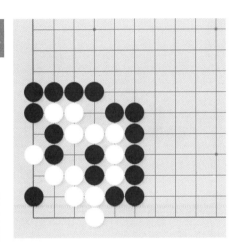

检查

3333

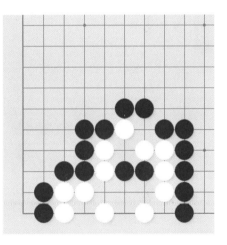

检查

3334

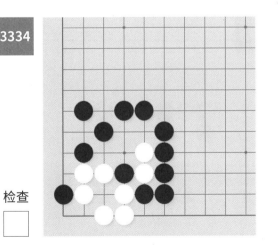

检查

3335

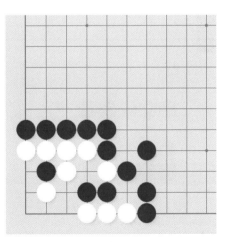

检查

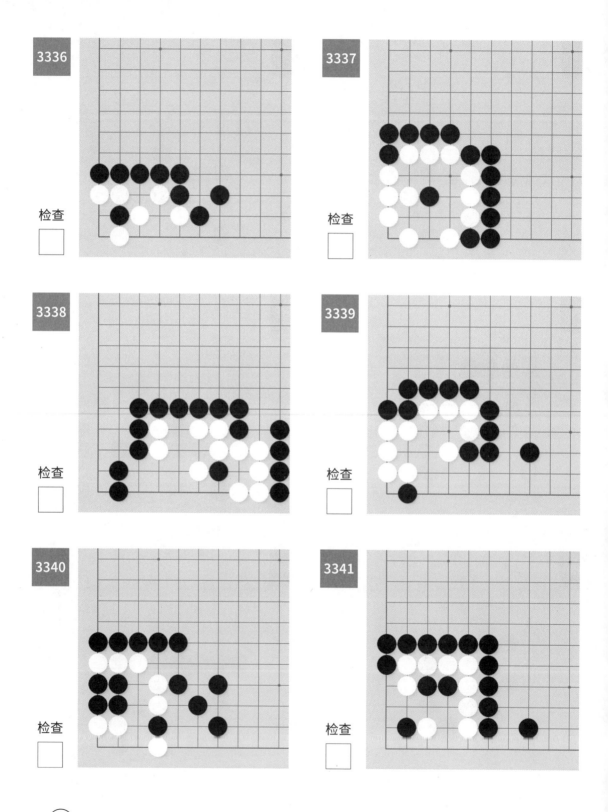

3342

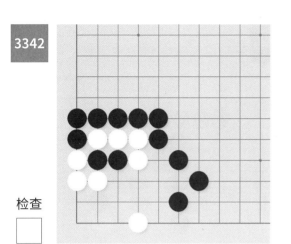

检查

3343

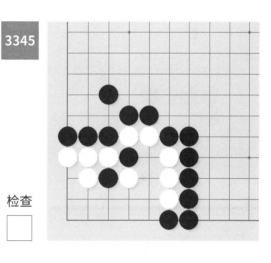

检查

3344

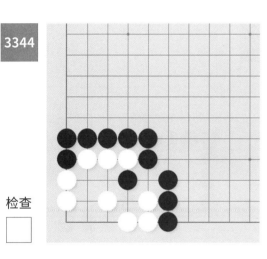

检查

3345

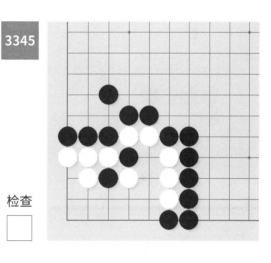

检查

3346

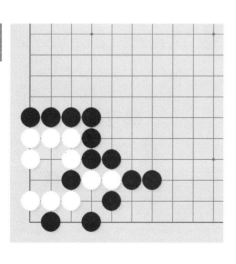

检查

3347

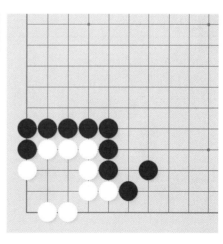

检查

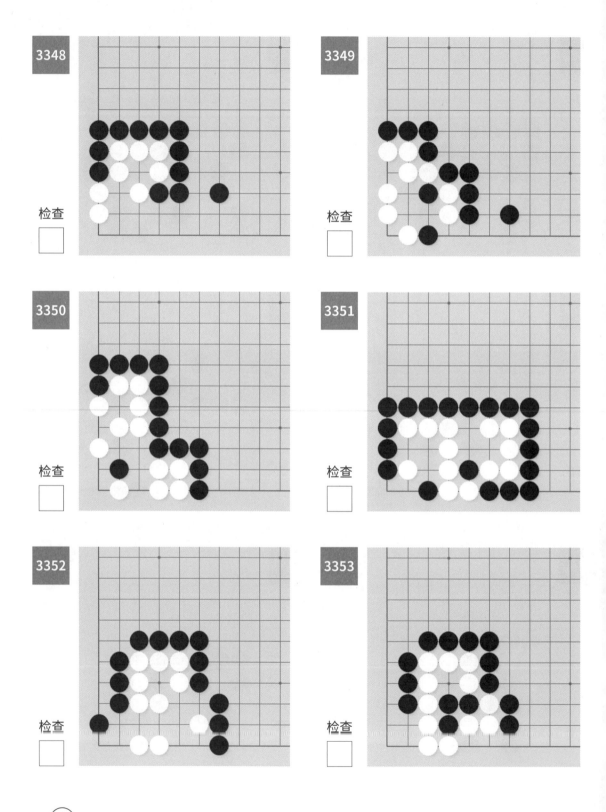

3354

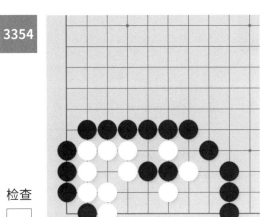

检查

3355

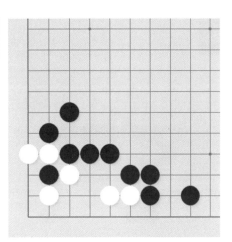

检查

3356

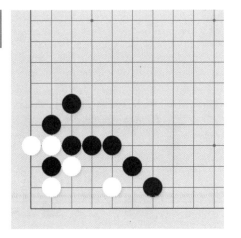

检查

3357

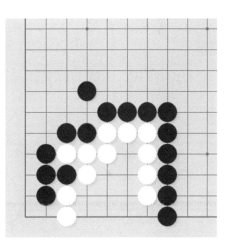

检查

3358

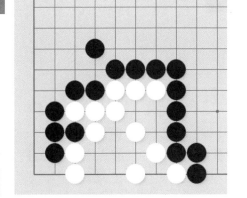

检查

3359

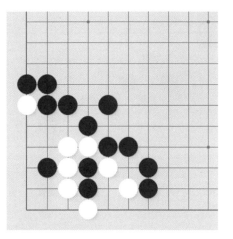

检查

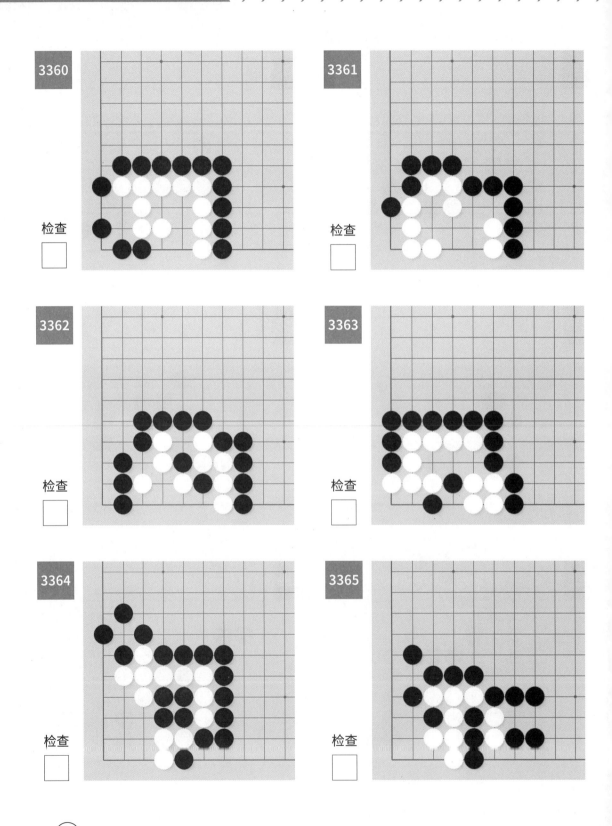

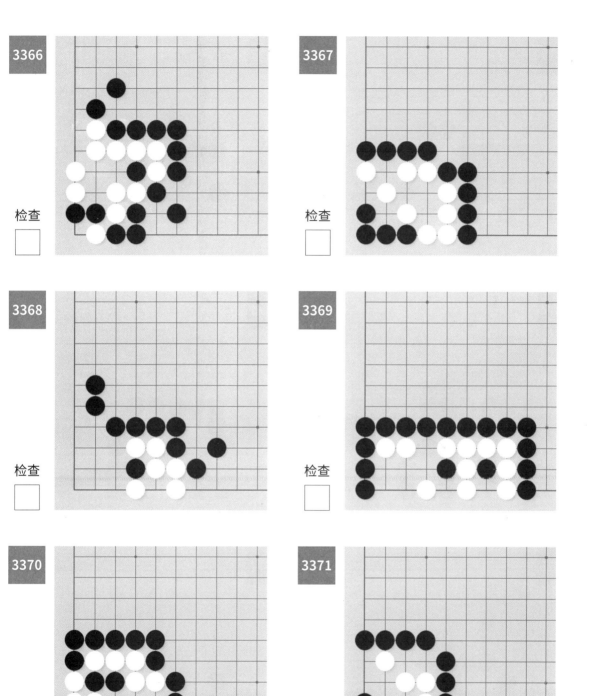

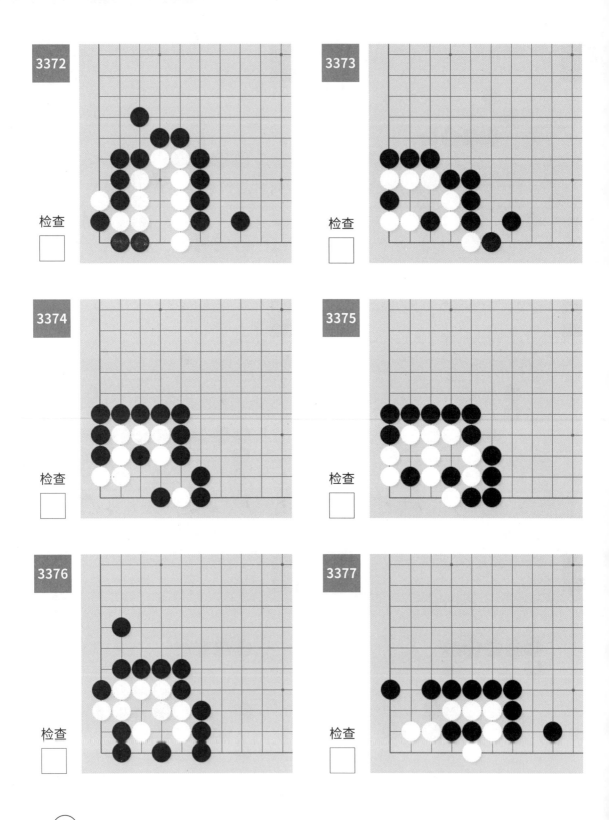

3378

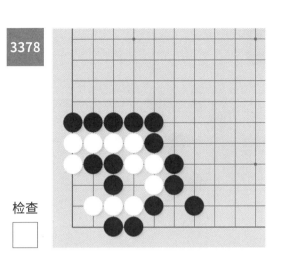

检查

3379

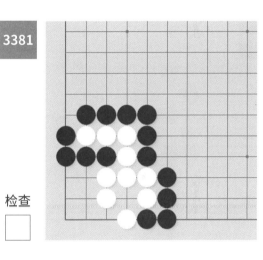

检查

3380

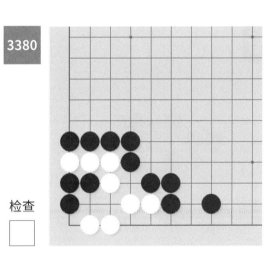

检查

3381

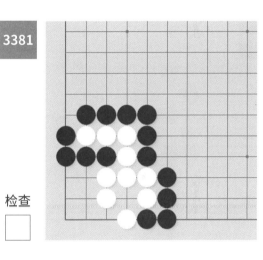

检查

3382

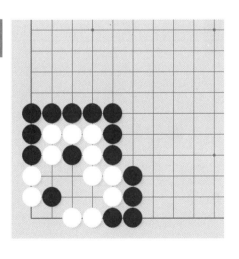

检查

3383

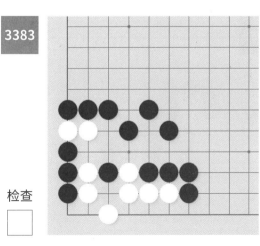

检查

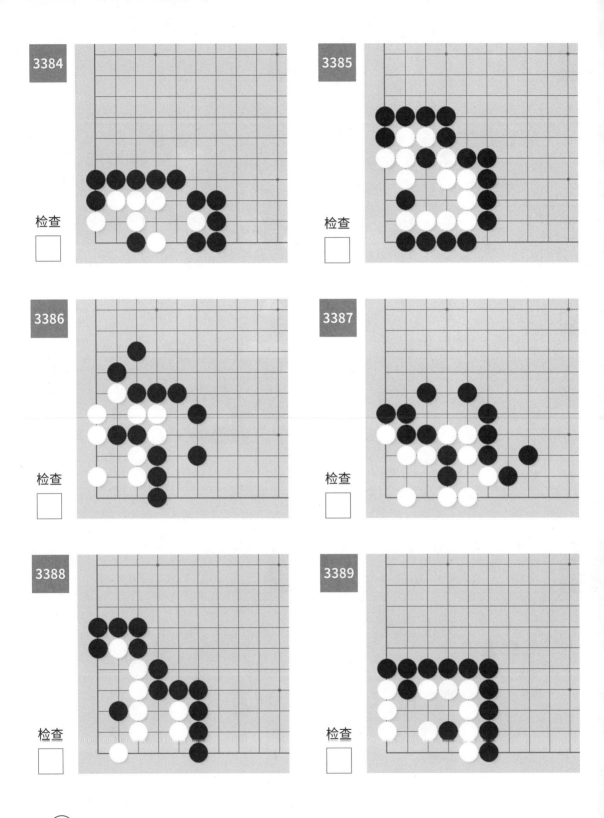

3390

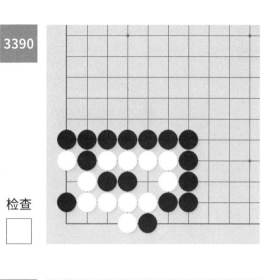

检查

3391

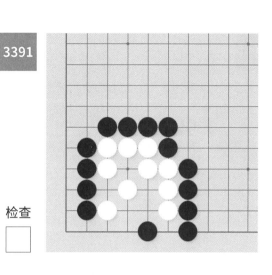

检查

3392

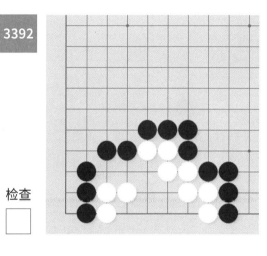

检查

3393

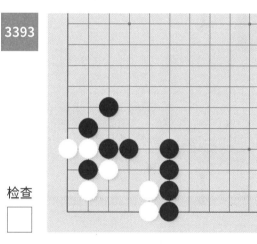

检查

3394

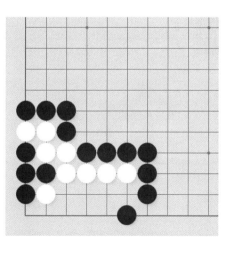

检查

3395

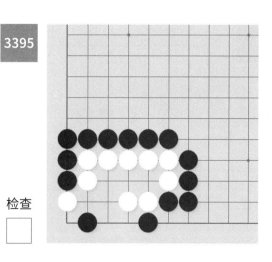

检查

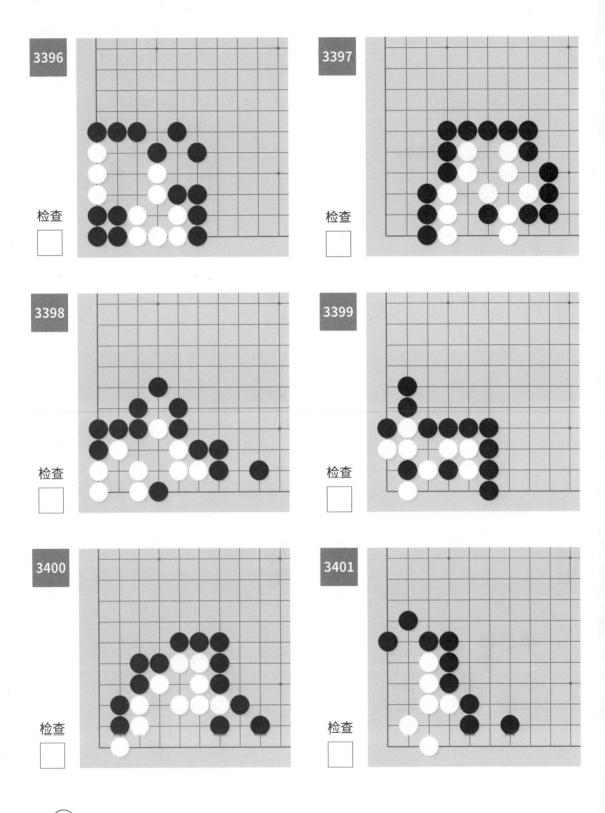

3396

3397

3398

3399

3400

3401

检查

检查

检查

检查

检查

检查

3402

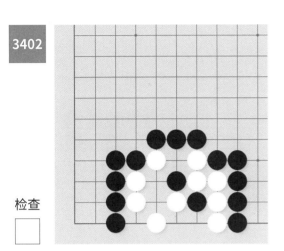

检查

3403

检查

3404

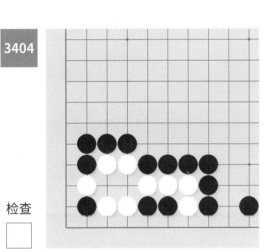

检查

3405

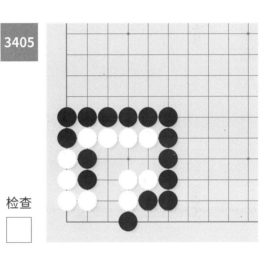

检查

3406

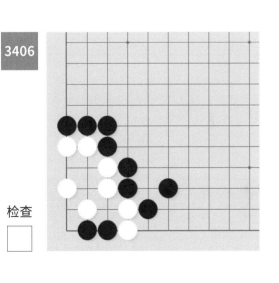

检查

3407

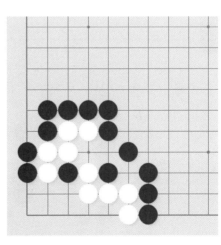

检查

3408

检查

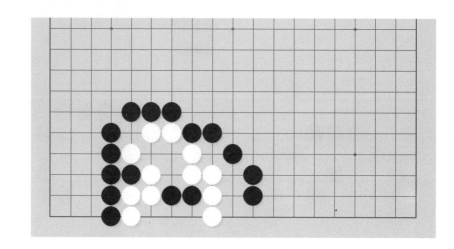

3409

检查

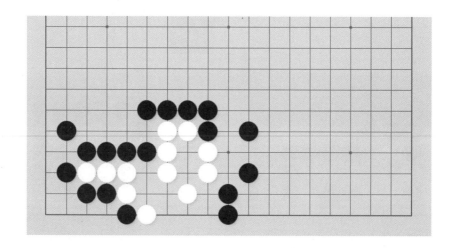

3410

检查

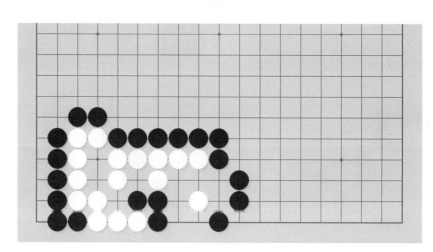

3411

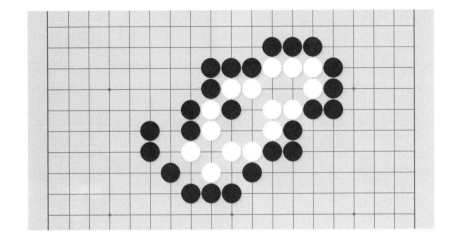

检查

3412

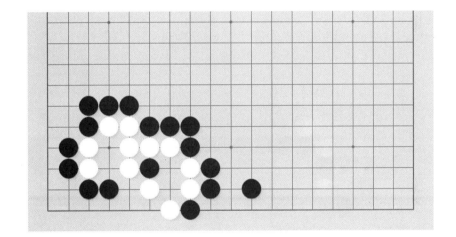

检查

3413

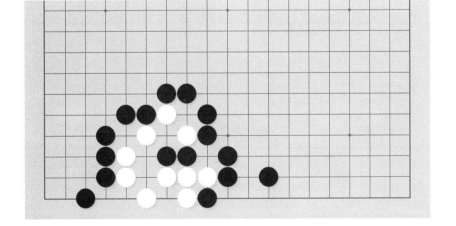

检查

3414

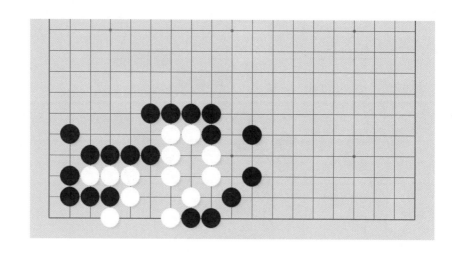

检查

3415

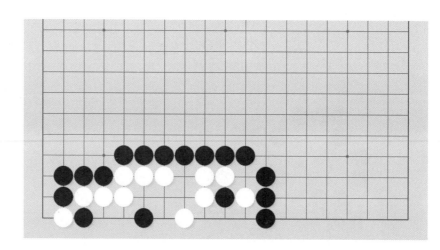

检查

3416

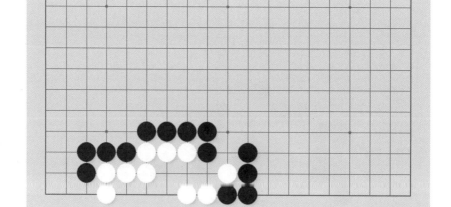

检查

3417

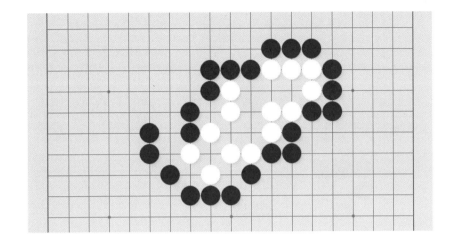

3418

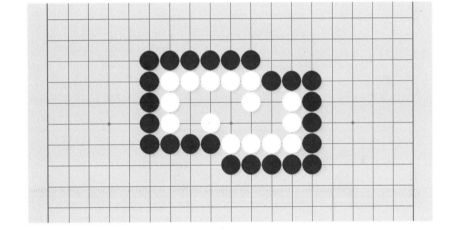

3419

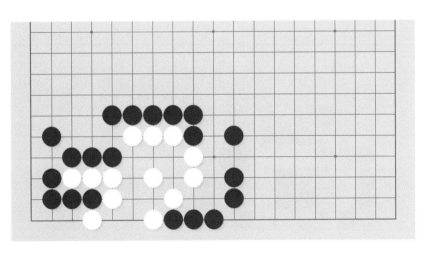

3420

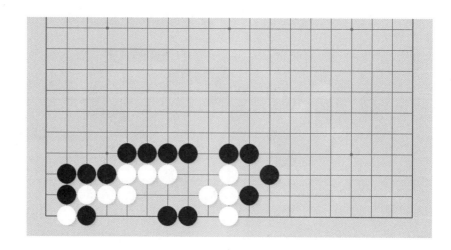

检查
☐

3421

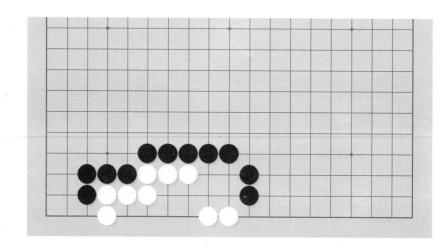

检查
☐

3422

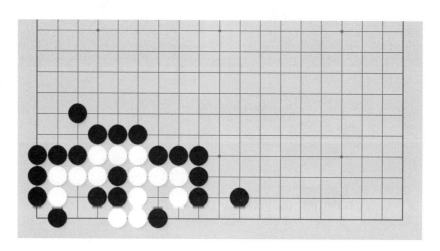

检查
☐

3423

检查

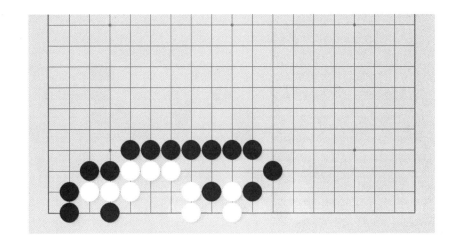

3424

检查

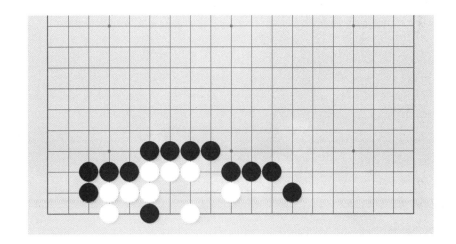

3425

检查

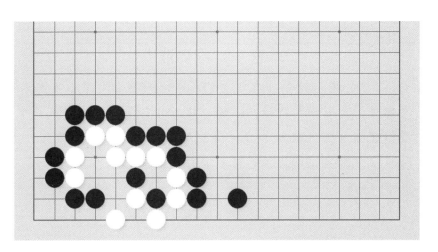

3426

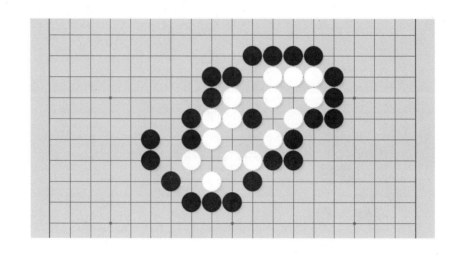

检查

3427

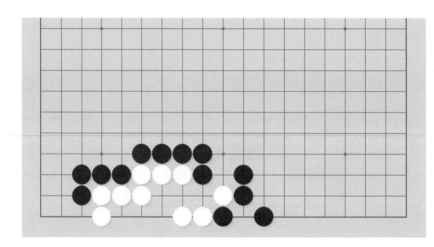

检查

官子与细算能力

说到官子，我们往往想成是一道道数学题，有些无趣。

事实上，官子分成两种，一种是纯目数计算，另一种则是官子手段。如果我们能拥有强大的计算力，那就有助于官子手段的提升，会更容易寻觅在对方空里出棋的走法，这就是细算能力与官子的关联性。

——檀啸

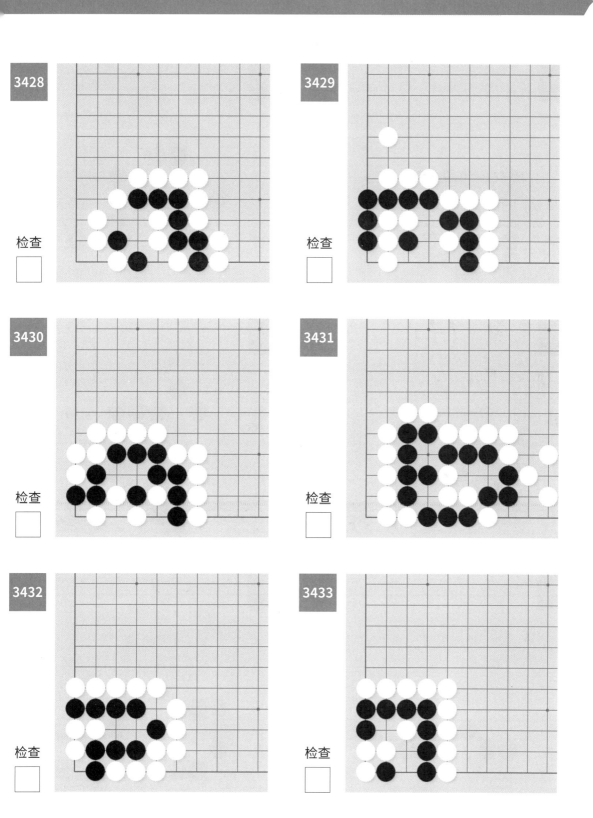

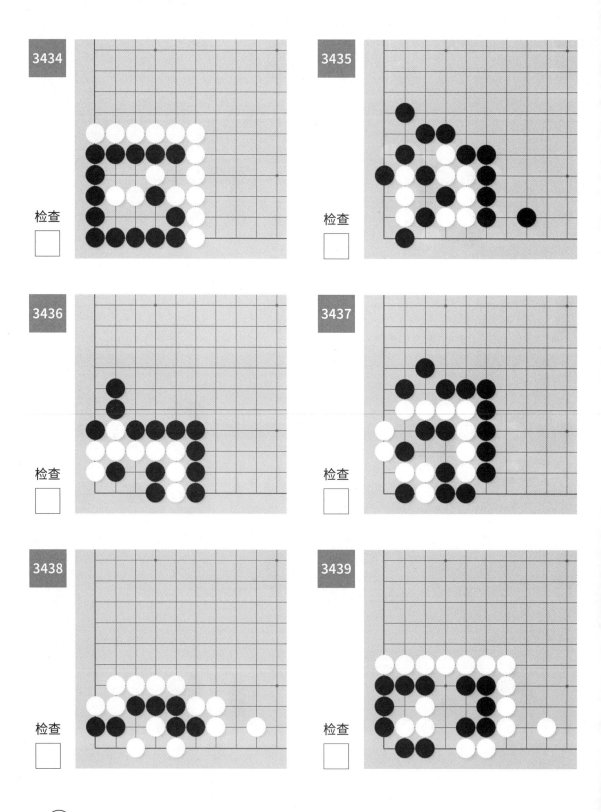

3440

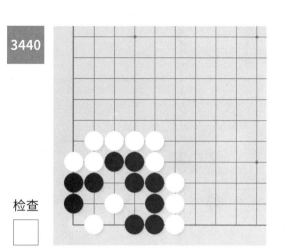

检查 □

3441

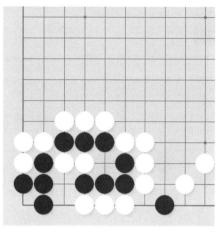

检查 □

3442

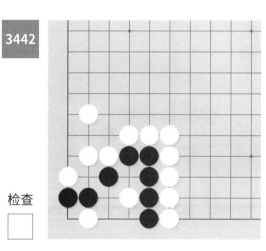

检查 □

3443

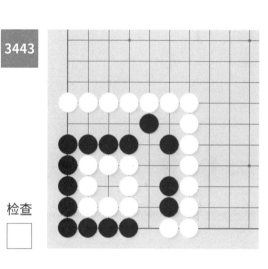

检查 □

3444

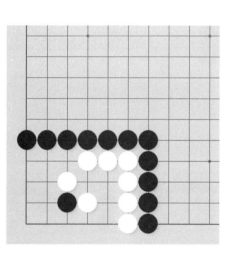

检查 □

3445

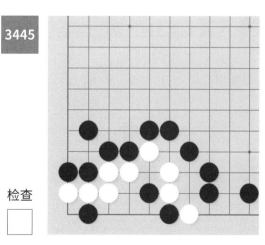

检查 □

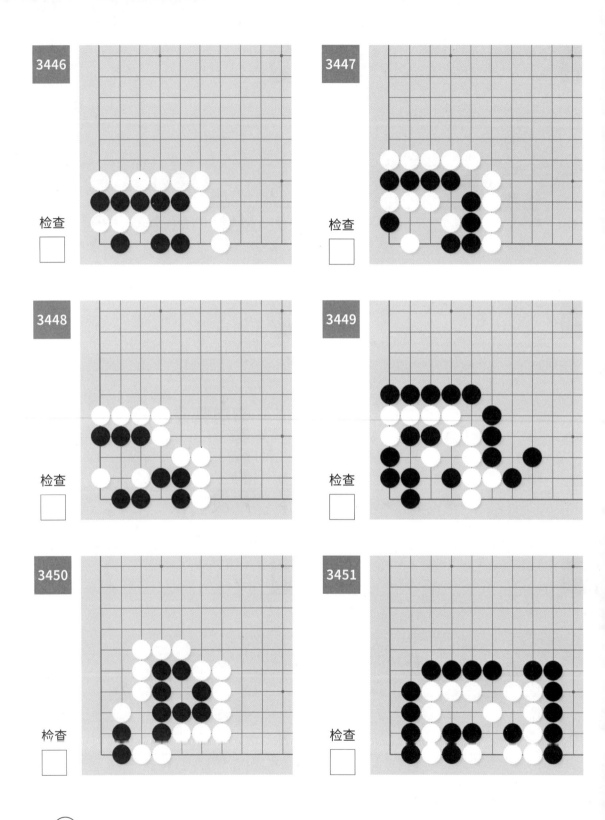

3452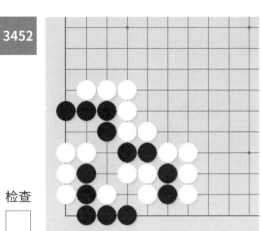

检查 □

3453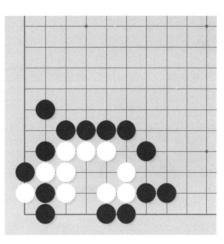

检查 □

3454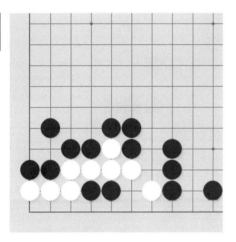

检查 □

3455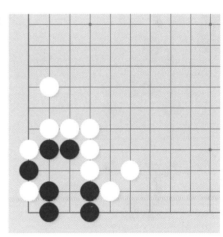

检查 □

3456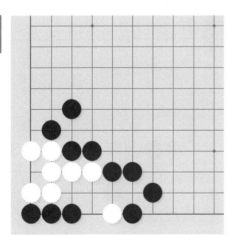

检查 □

3457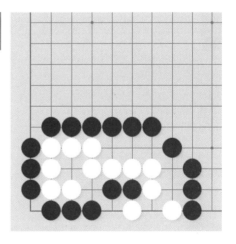

检查 □

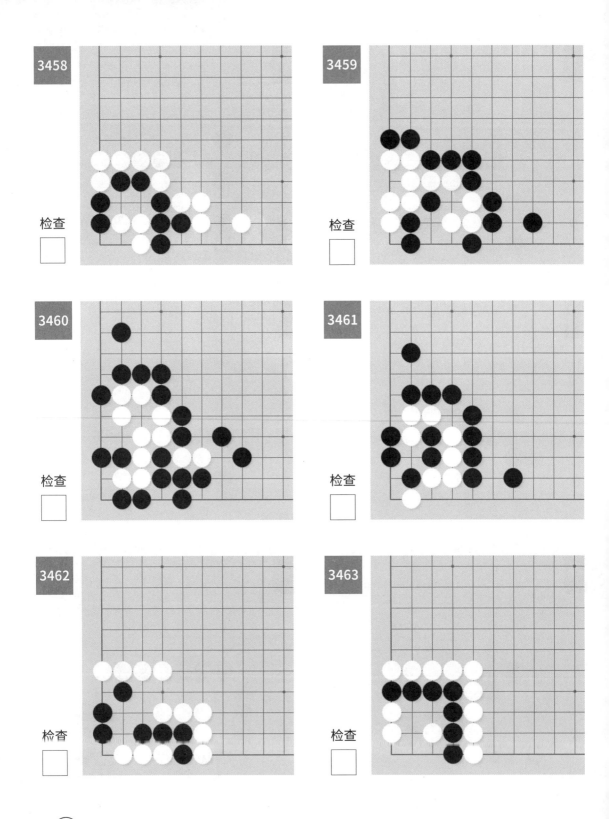

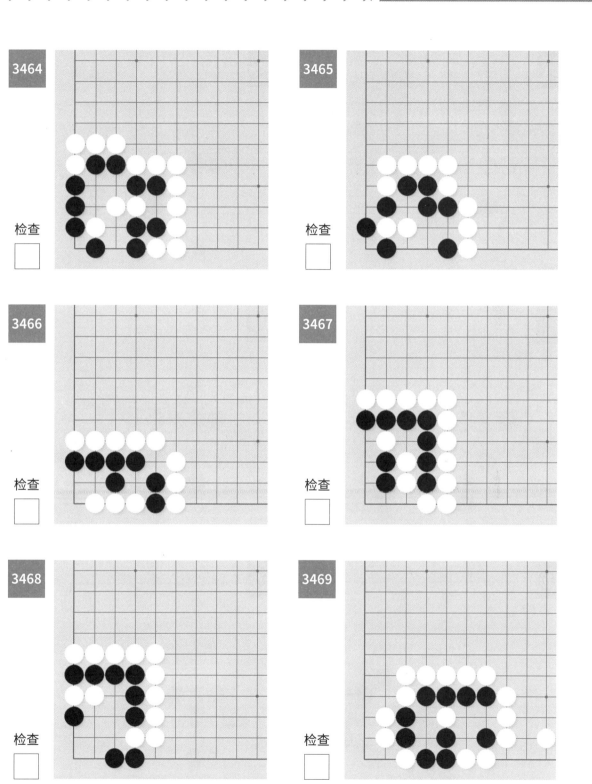

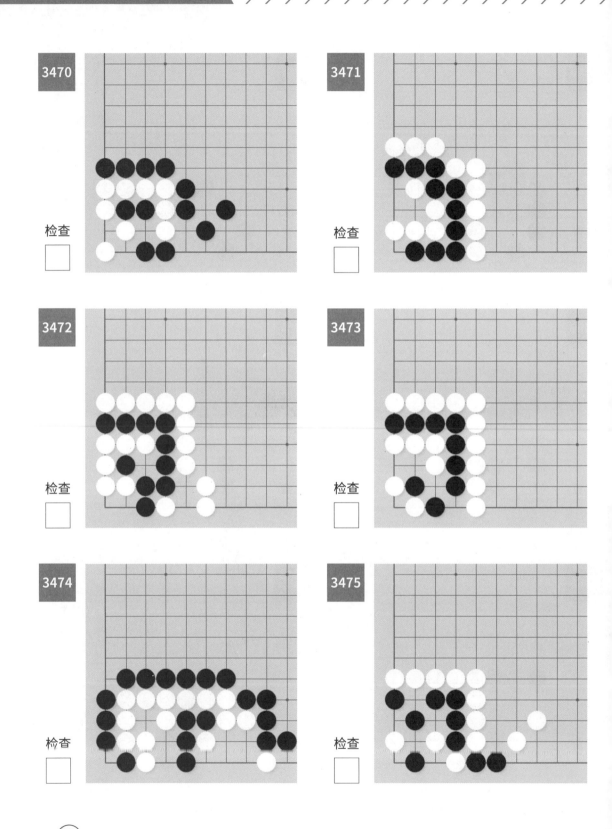

3470 检查

3471 检查

3472 检查

3473 检查

3474 检查

3475 检查

3476

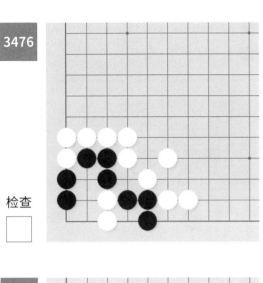

检查

3477

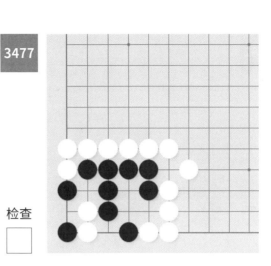

检查

3478

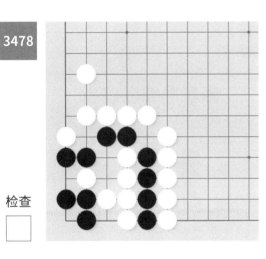

检查

3479

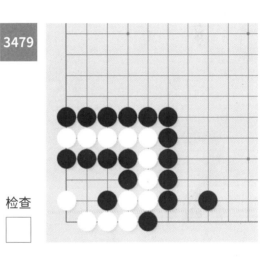

检查

3480

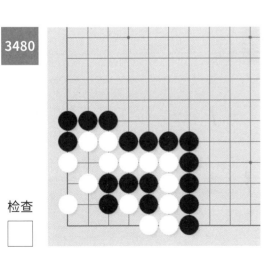

检查

3481

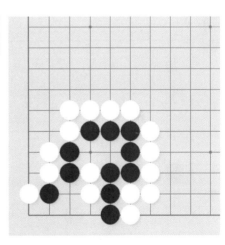

检查

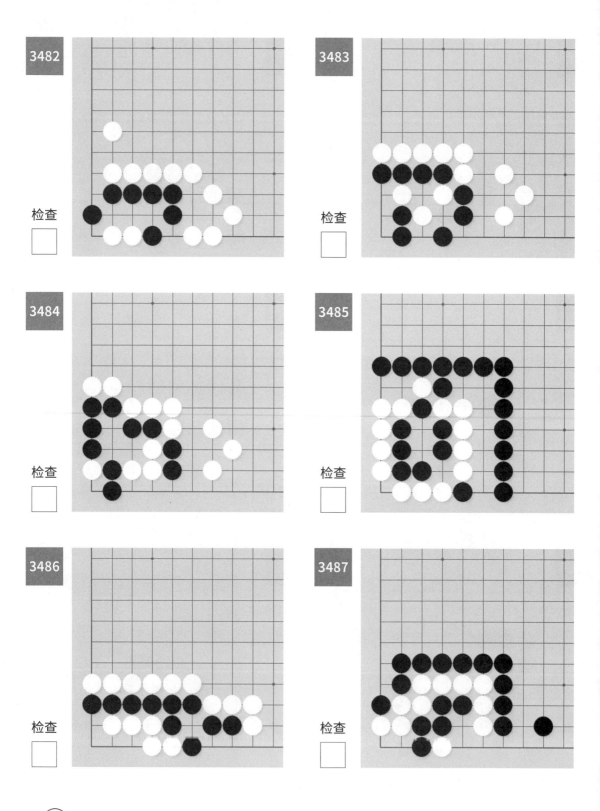

3482
检查

3483
检查

3484
检查

3485
检查

3486
检查

3487
检查

3488
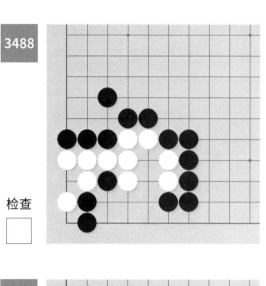

检查

3489
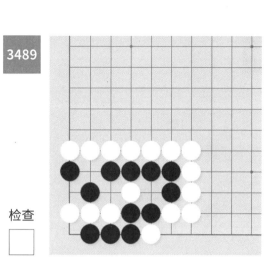

检查

3490
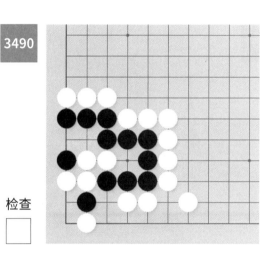

检查

3491
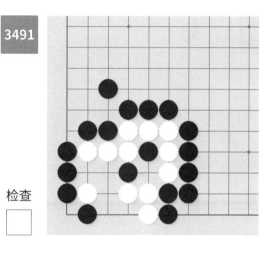

检查

3492
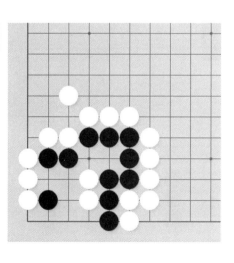

检查

3493
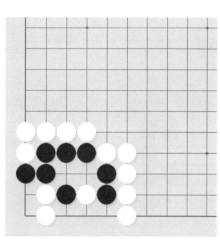

检查

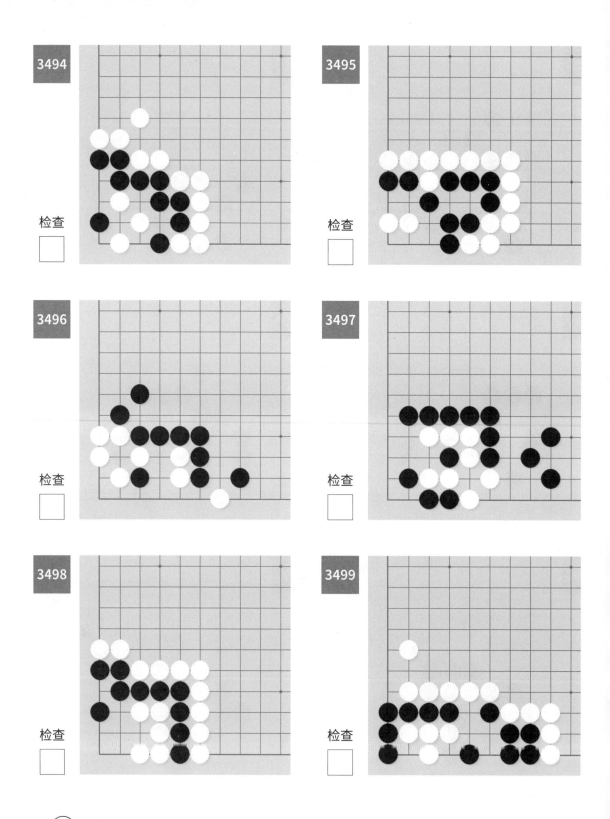

3500

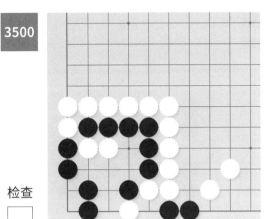

检查

3501

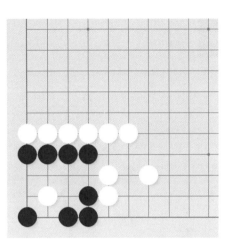

检查

3502

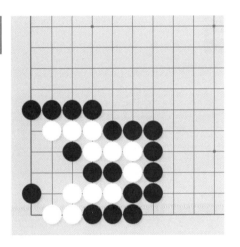

检查

3503

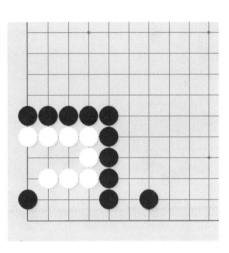

检查

3504

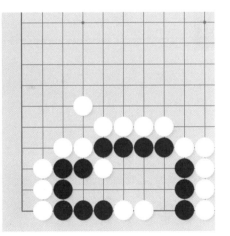

检查

3505

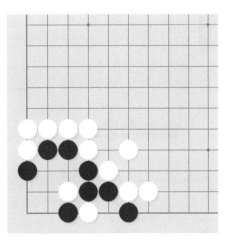

检查

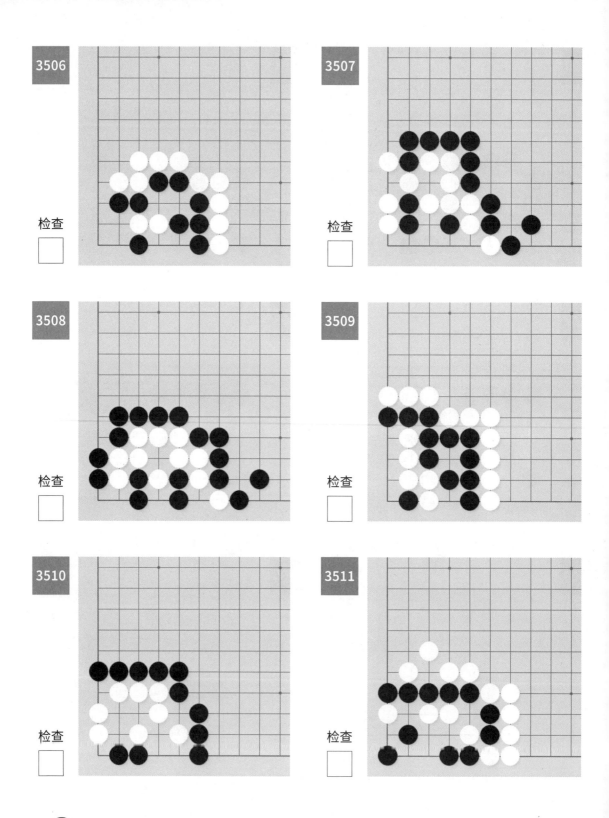

3512

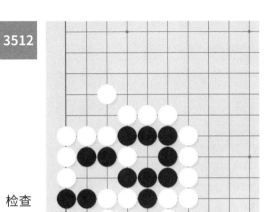

3513

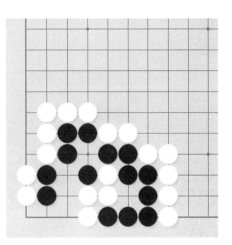

3514

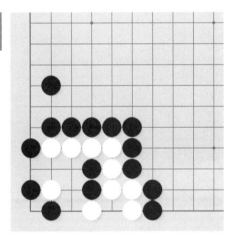

3515

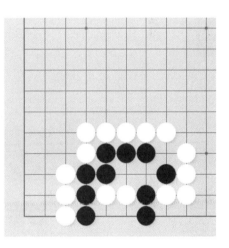

3516

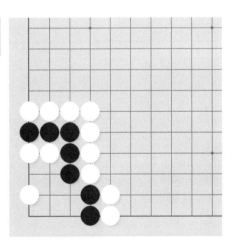

3517

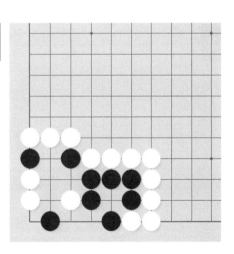

3518

检查

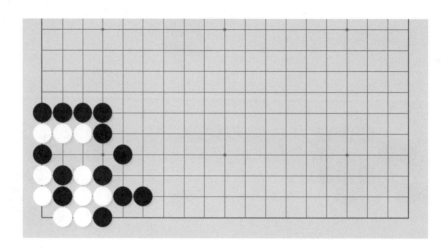

3519

检查

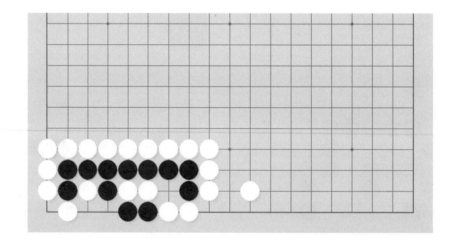

3520

检查

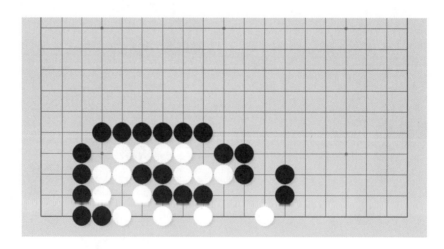

3521

检查

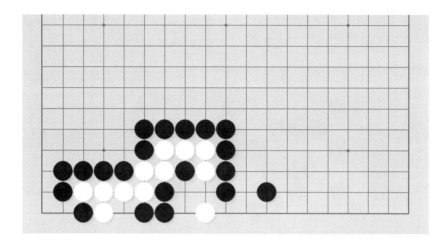

3522

检查

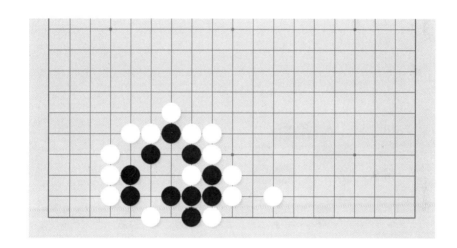

3523

检查

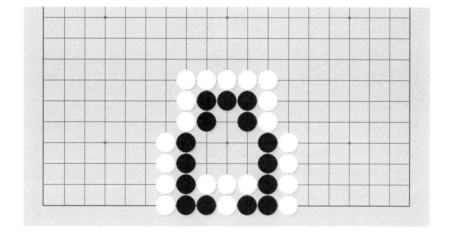

3524

检查

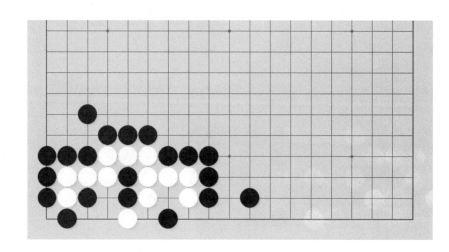

3525

检查

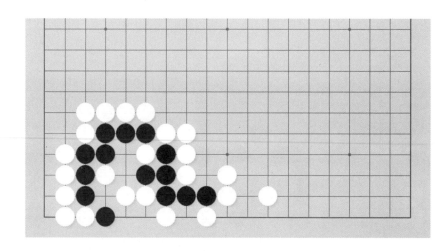

棋如人生

每次向新朋友介绍我的人生围棋故事，总会引发一阵阵羡慕和赞叹。在很多人眼中，围棋仿佛是一种神秘而深邃的古老文化，需要修炼多年才能觅得真谛。

围棋看起来高深莫测，其实离我们并不遥远。下棋不仅可以锻炼我们的逻辑思考能力和专注力，还能培养大局观思维，而这些东西都可以迁移到为人处世的各种场景中。当我能够以一颗平常心面对人生路途上的挑战时，常常会庆幸自己学过围棋。

——陈禧

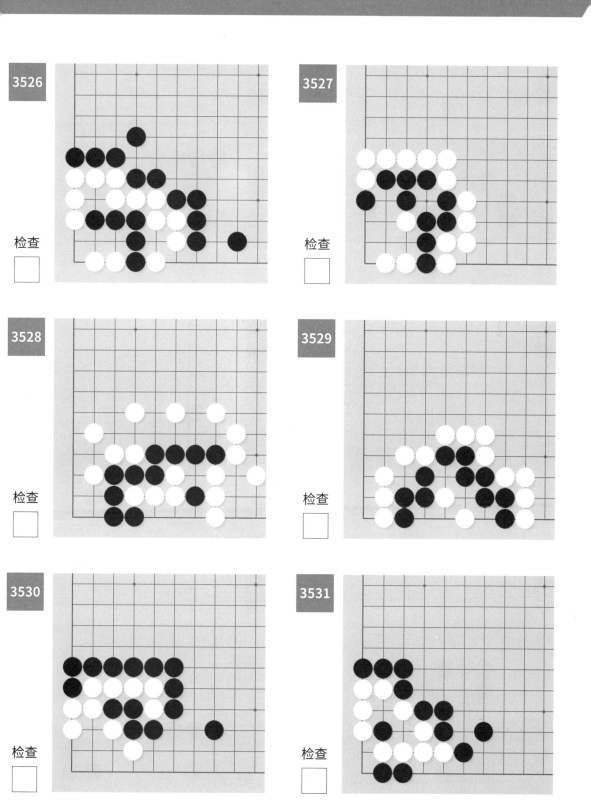

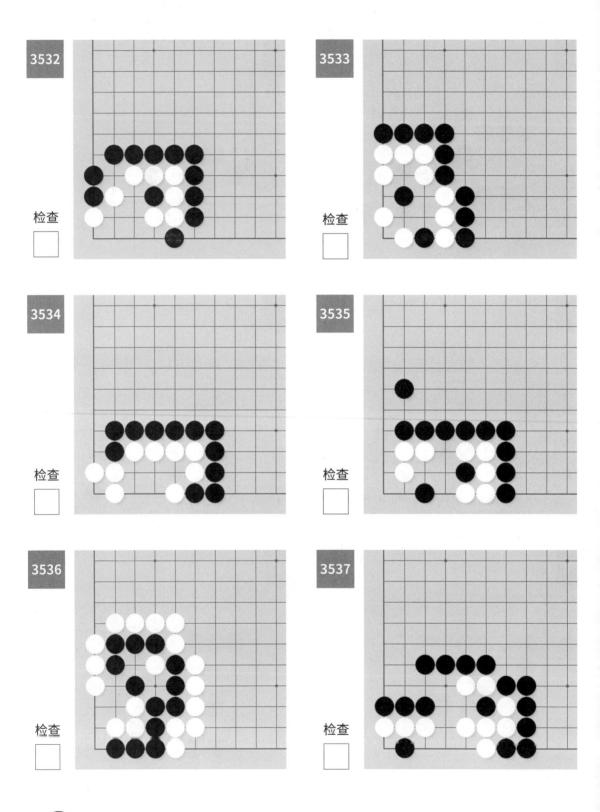

3538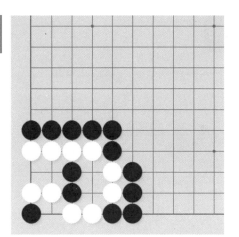

检查

3539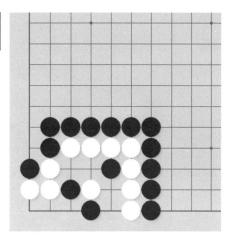

检查

3540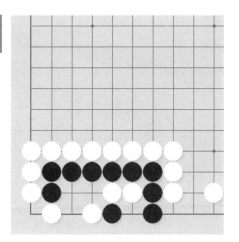

检查

3541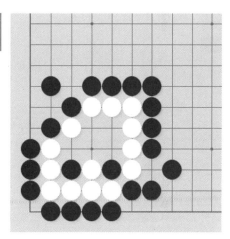

检查

3542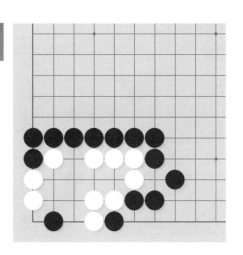

检查

3543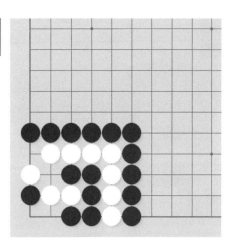

检查

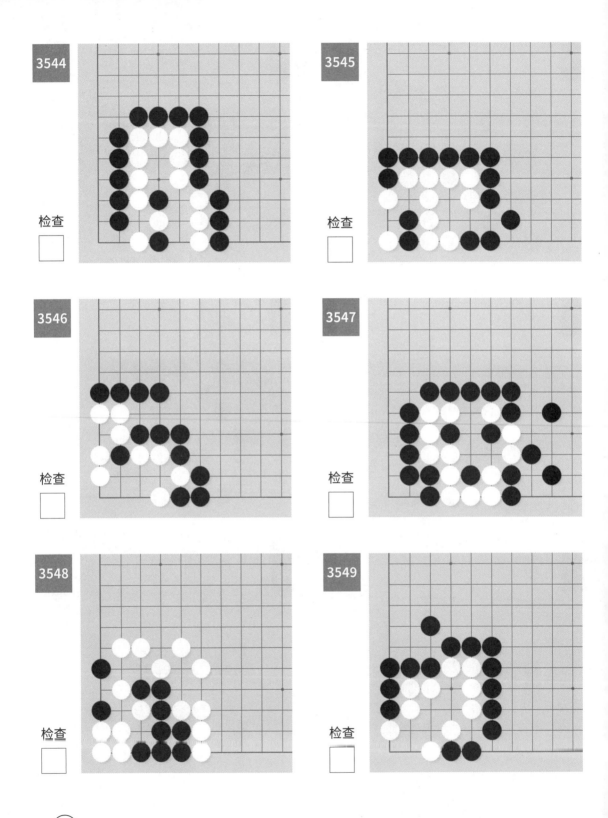

3550

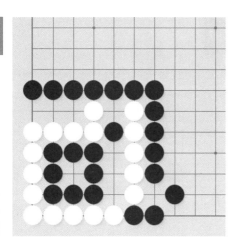

检查

3551

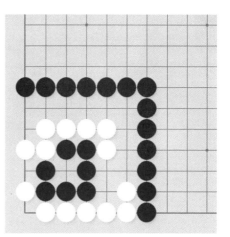

检查

3552

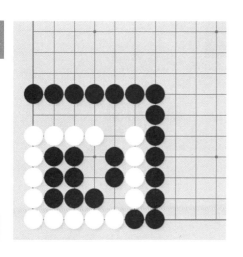

检查

3553

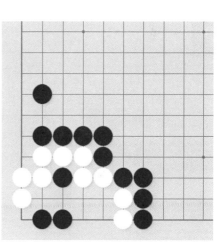

检查

3554

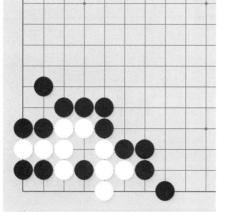

检查

3555

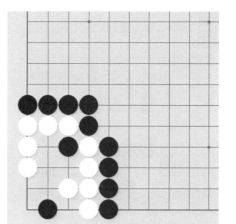

检查

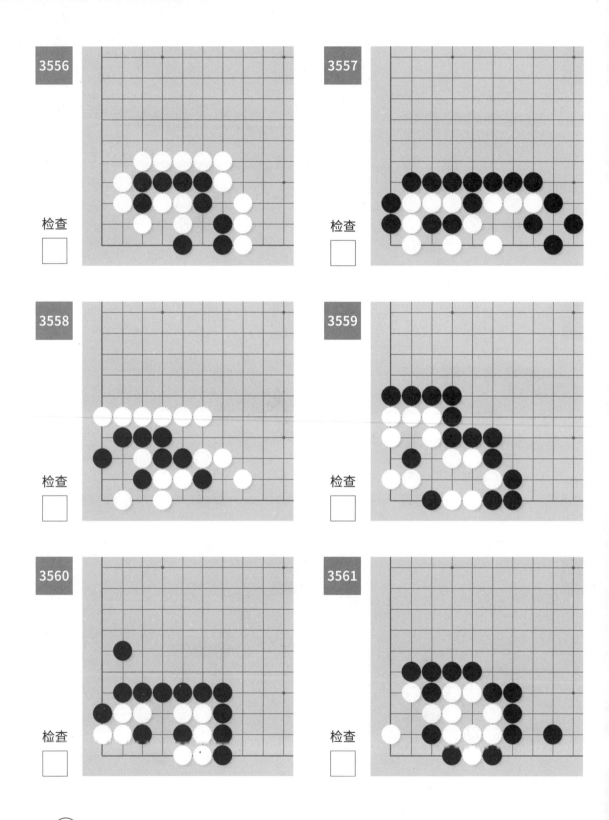

3562

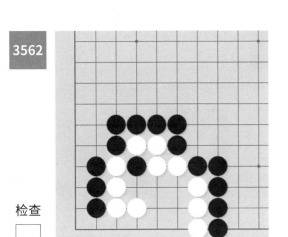

检查

3563

3564

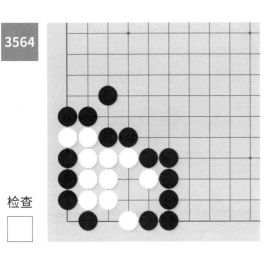

检查

3565

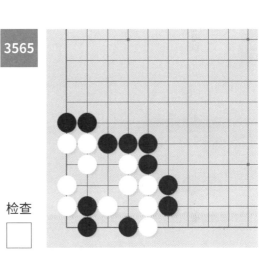

检查

3566

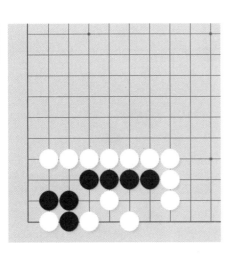

检查

3567

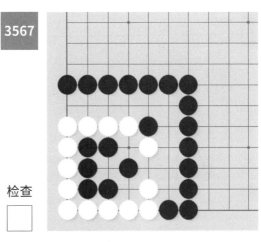

检查

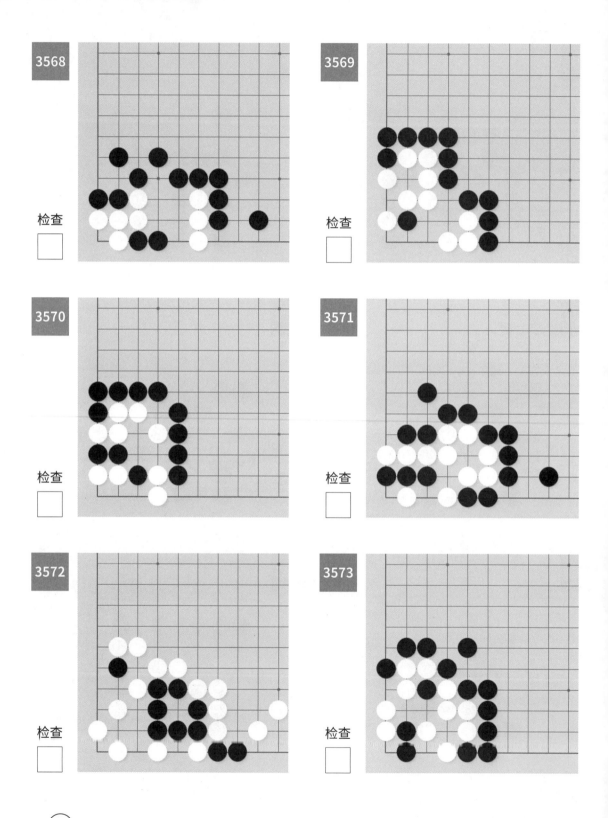

3568 检查

3569 检查

3570 检查

3571 检查

3572 检查

3573 检查

3574

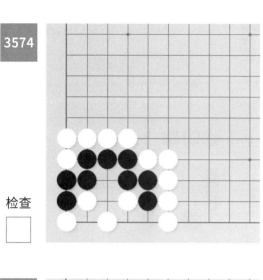

检查

3575

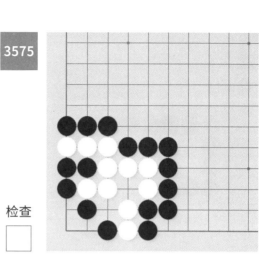

检查

3576

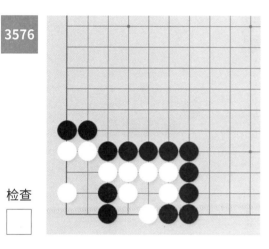

检查

3577

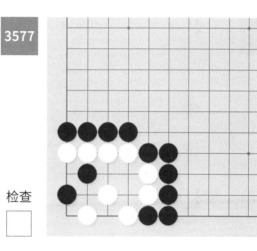

检查

3578

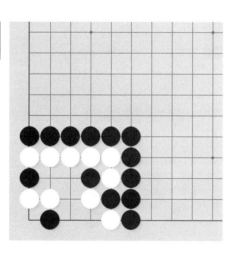

检查

3579

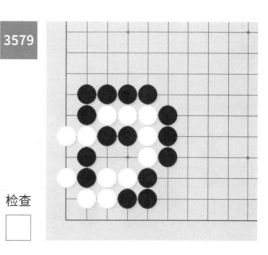

检查

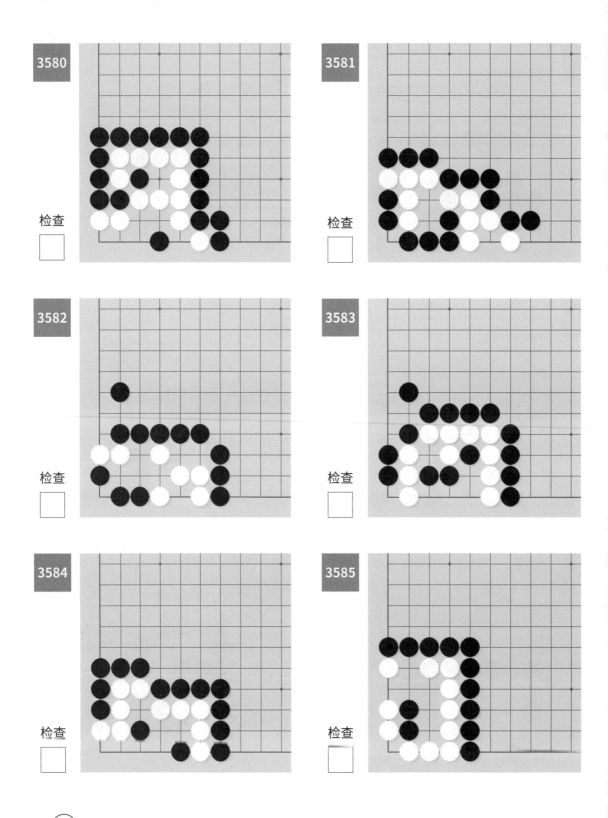

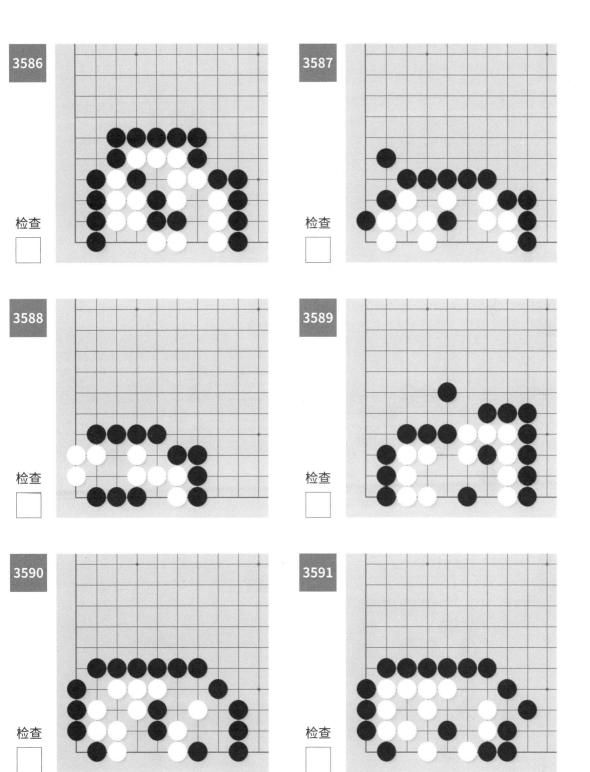

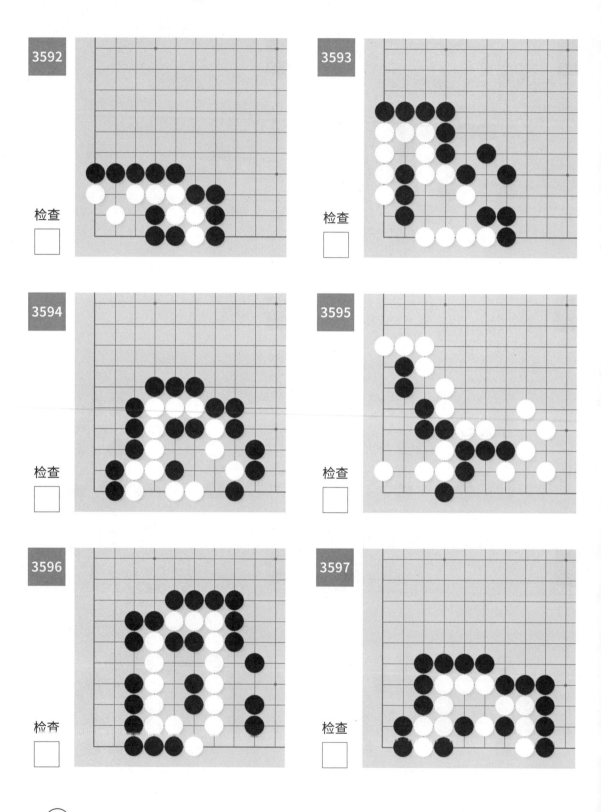

3598

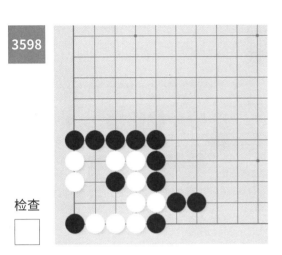

检查

3599

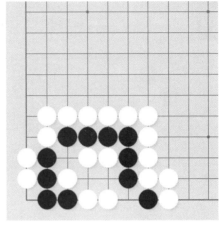

检查

3600

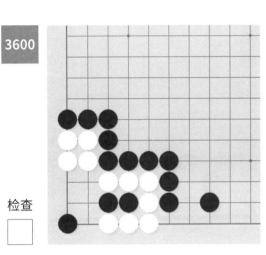

检查

3601

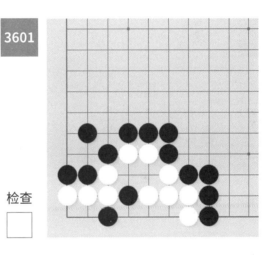

检查

3602

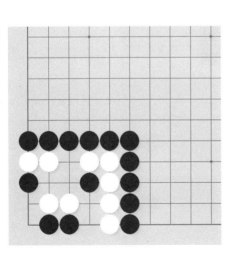

检查

3603

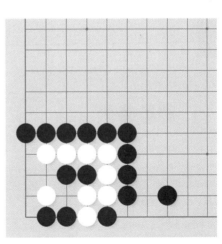

检查

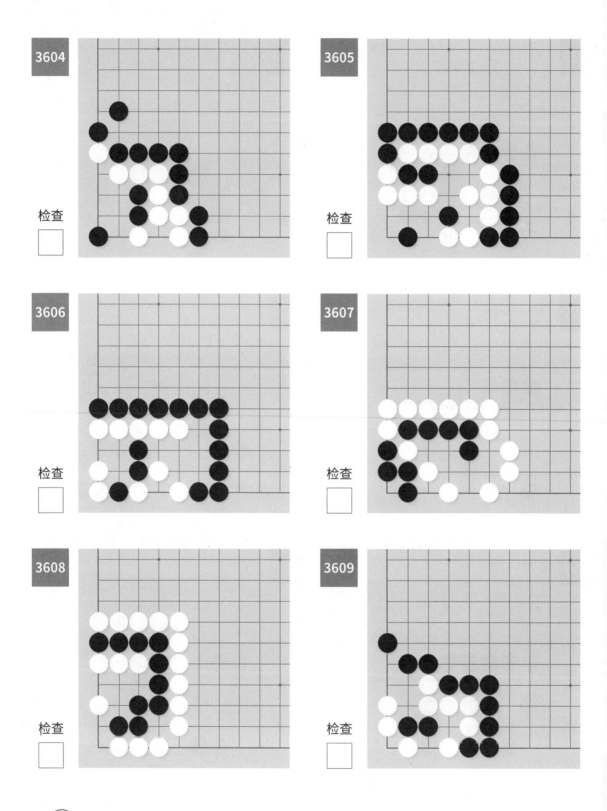

3610

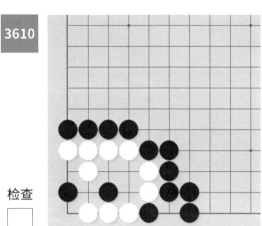

检查

3611

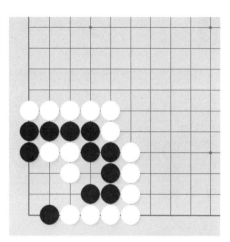

检查

3612

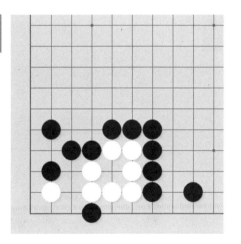

检查

3613

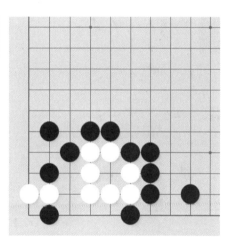

检查

3614

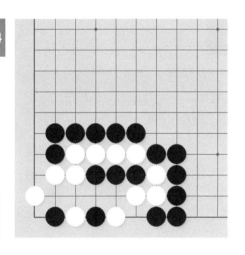

检查

3615

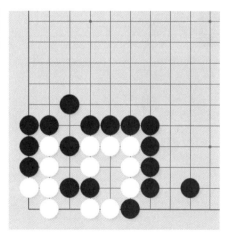

检查

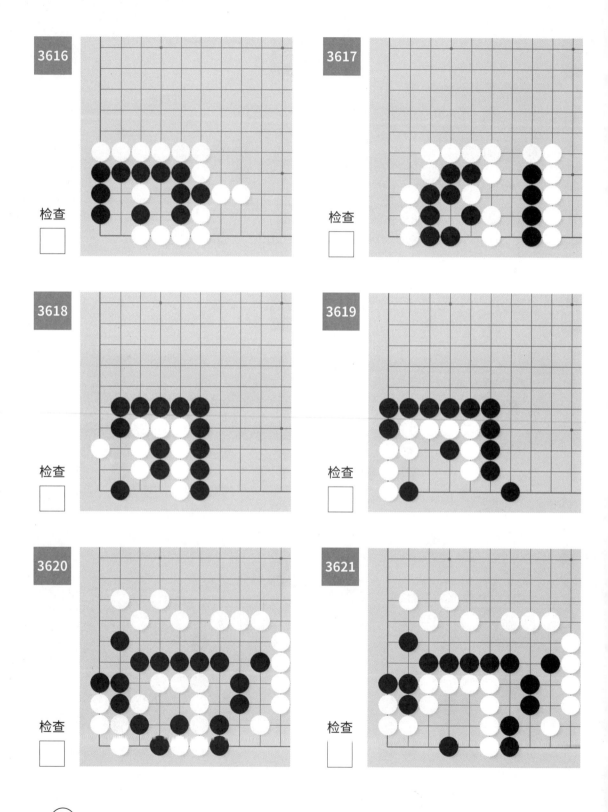

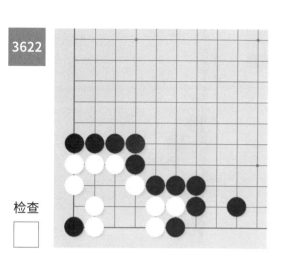

3622

检查

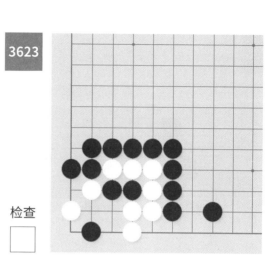

3623

检查

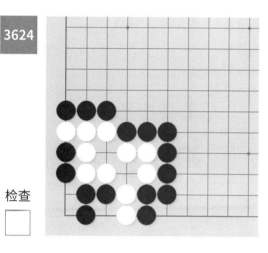

3624

检查

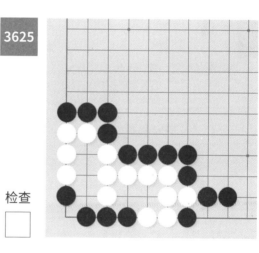

3625

检查

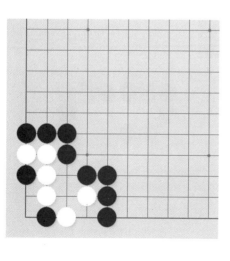

3626

检查

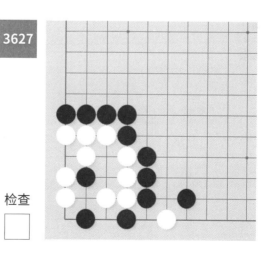

3627

检查

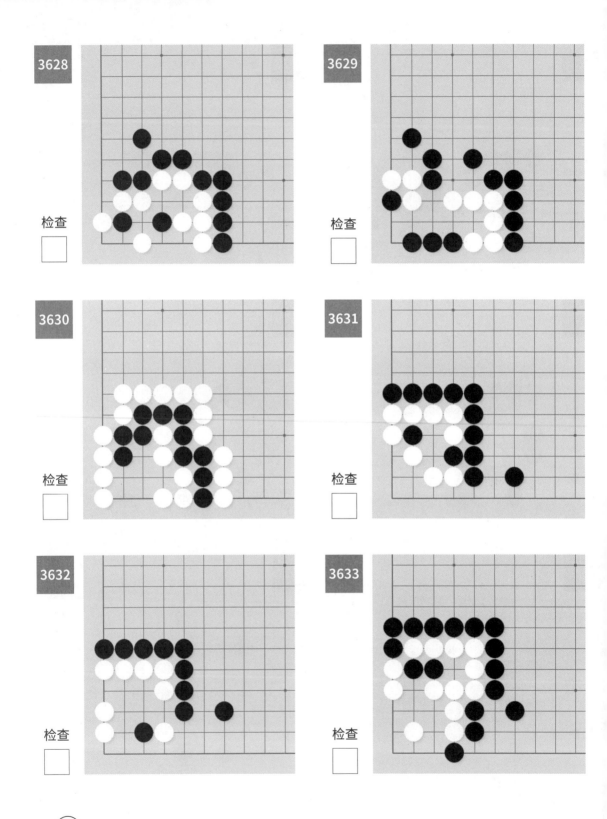

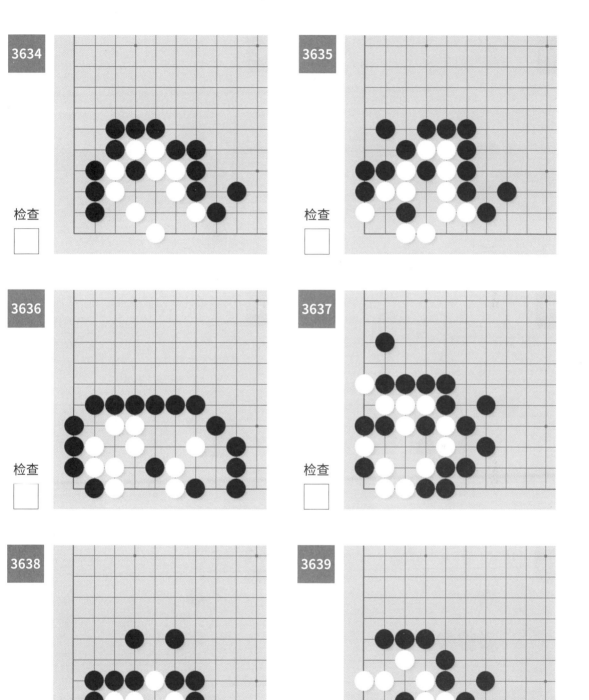

3634

3635

3636

3637

3638

3639

检查

检查

检查

检查

检查

检查

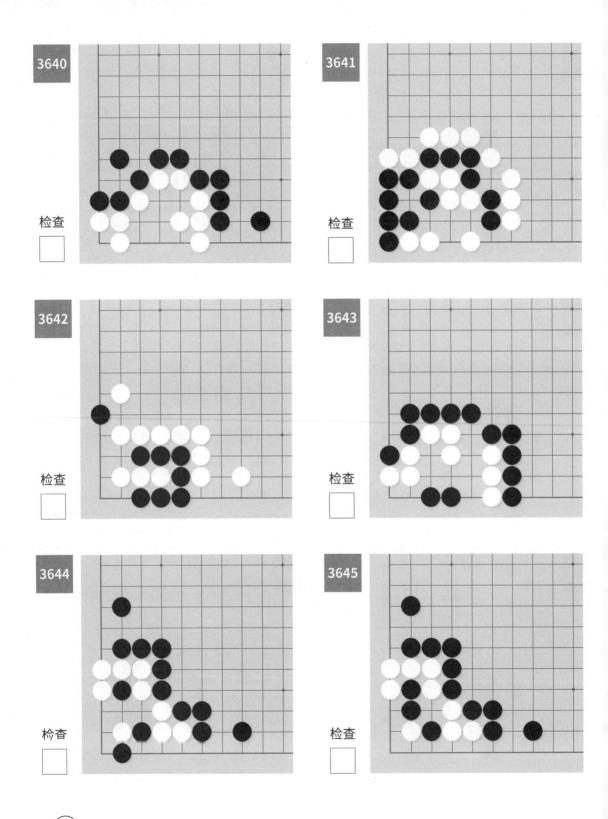

3646

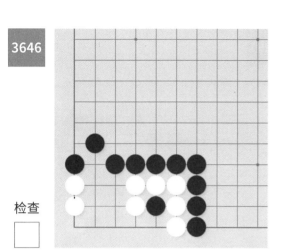

检查

3647

检查

3648

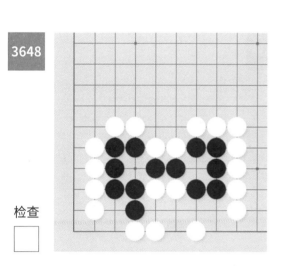

检查

3649

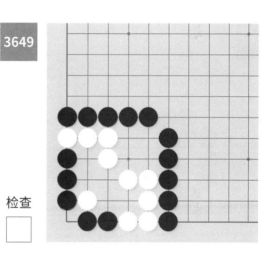

检查

3650

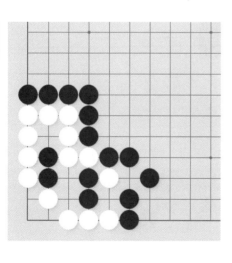

检查

3651

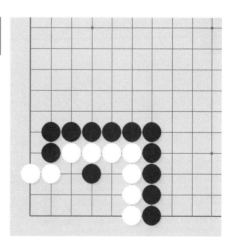

检查

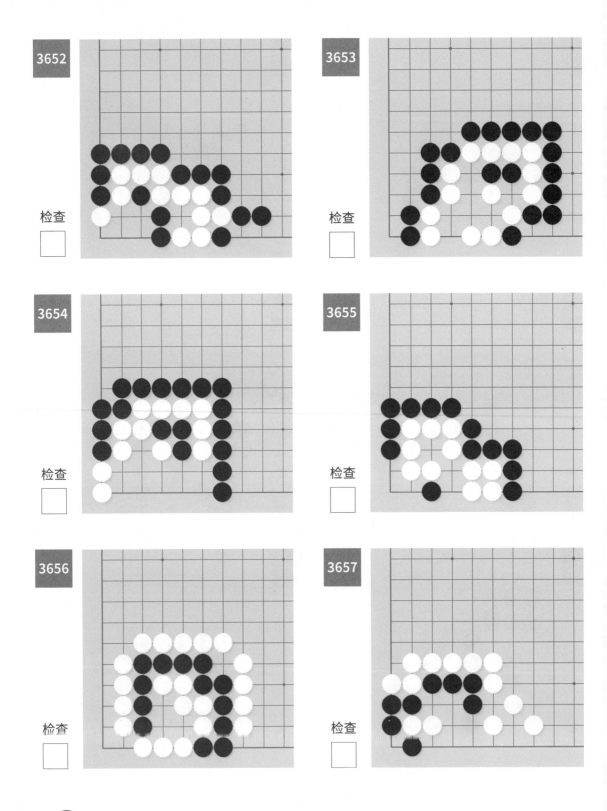

3658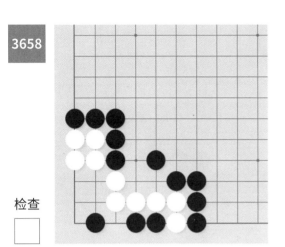

检查

3659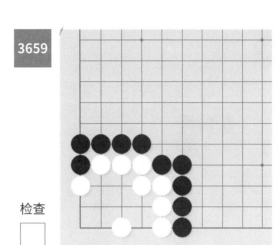

检查

3660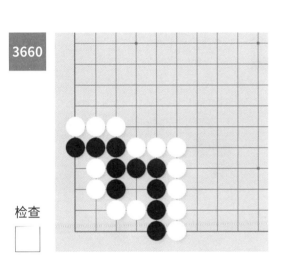

检查

3661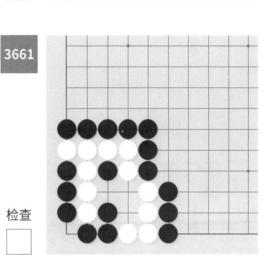

检查

3662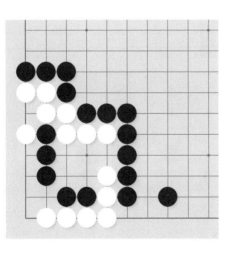

检查

3663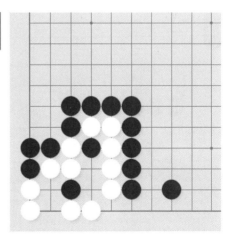

检查

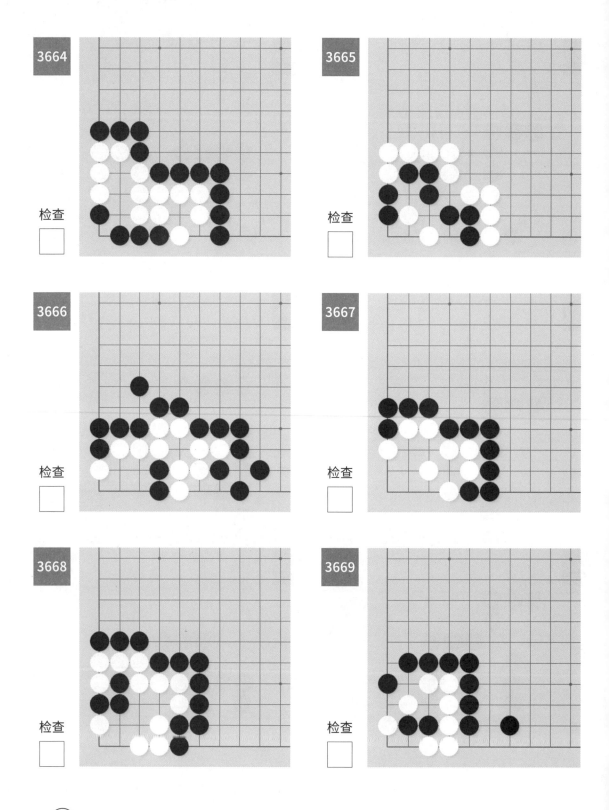

3670

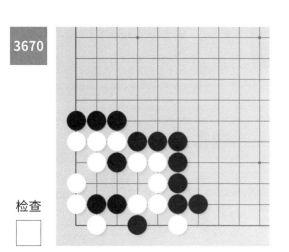

检查

3671

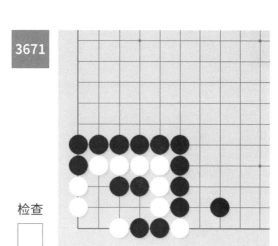

检查

3672

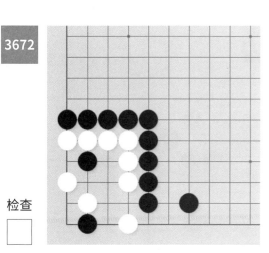

检查

3673

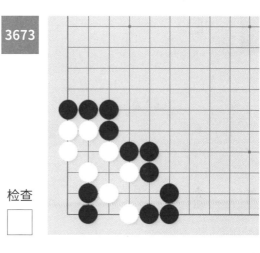

检查

3674

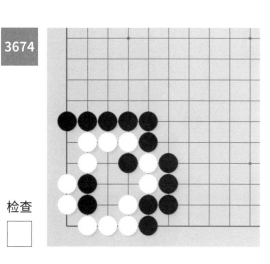

检查

3675

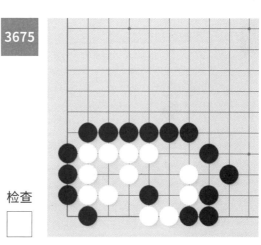

检查

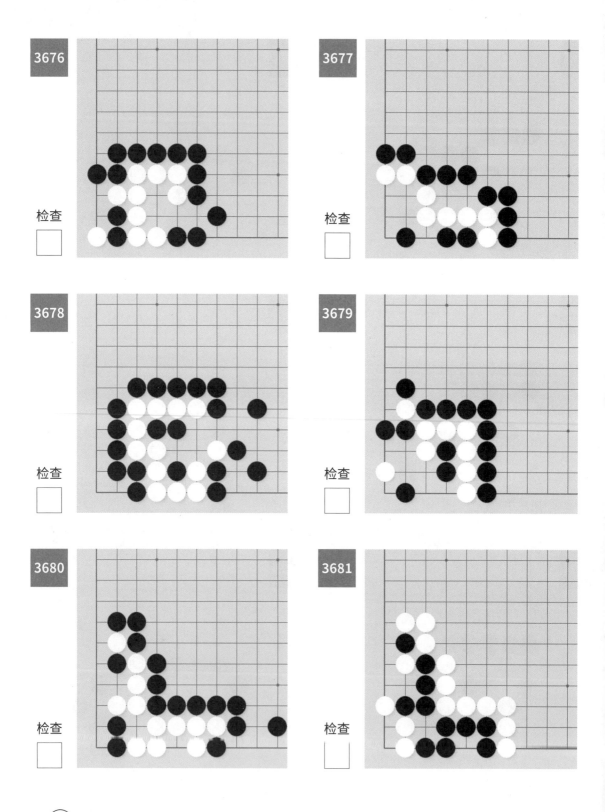

3676 检查

3677 检查

3678 检查

3679 检查

3680 检查

3681 检查

3682

检查

3683

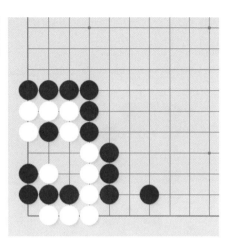

检查

3684

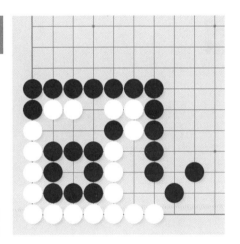

检查

3685

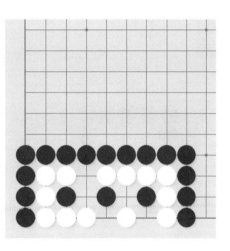

检查

3686

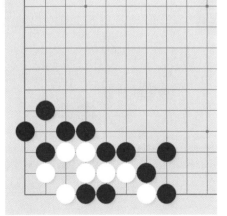

检查

3687

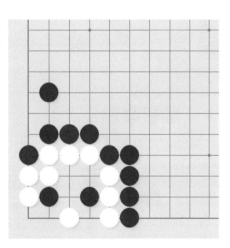

检查

131

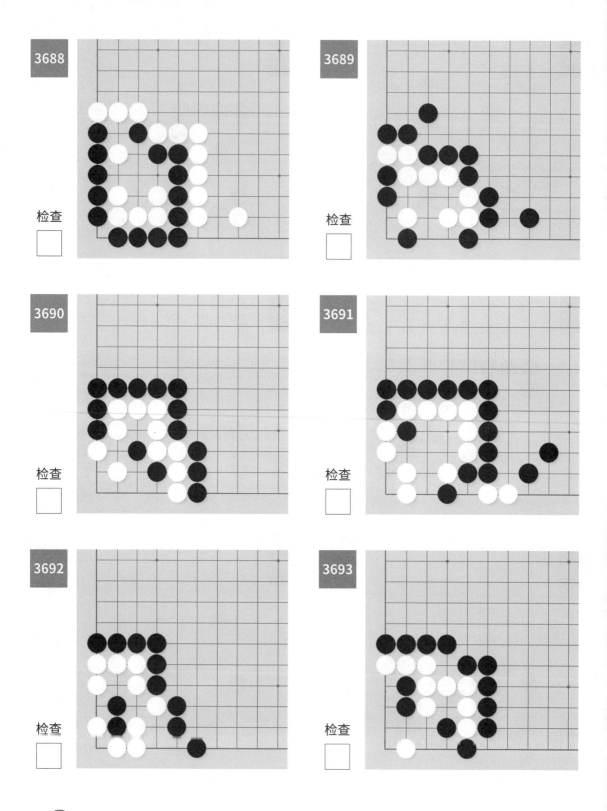

3694

检查

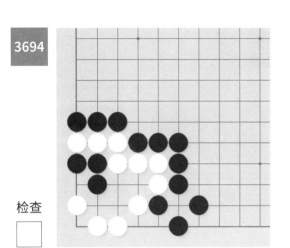

3695

检查

3696

检查

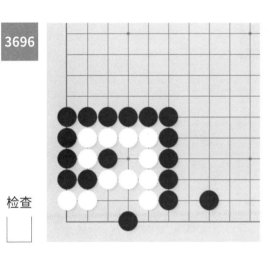

3697

检查

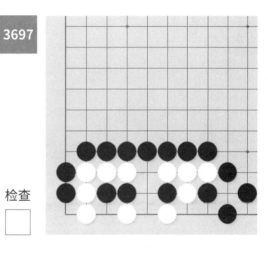

3698

检查

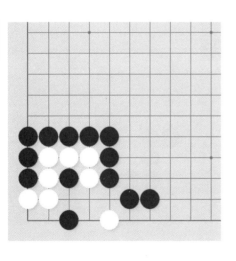

3699

检查

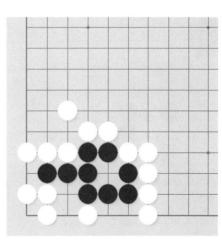

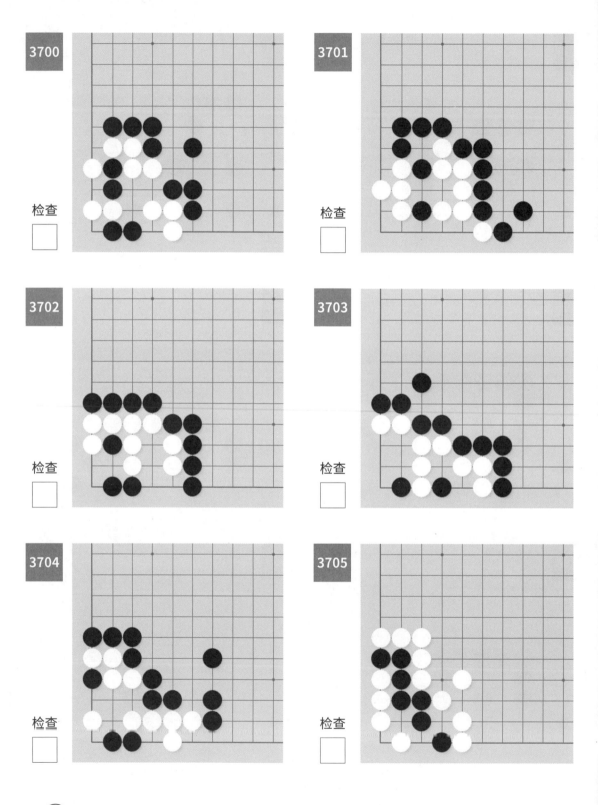

3706

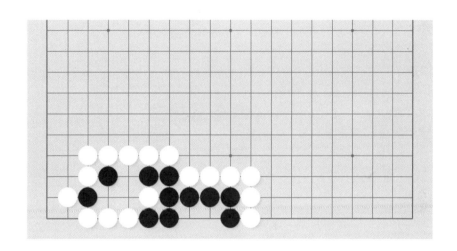

检查

3707

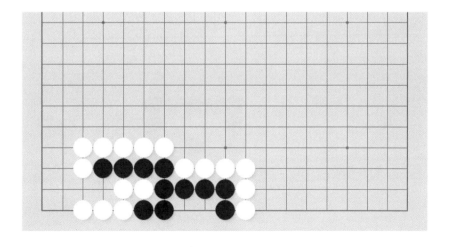

检查

3708

检查

3709

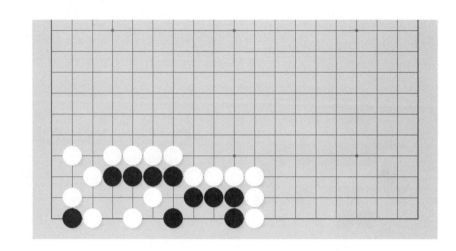

检查

3710

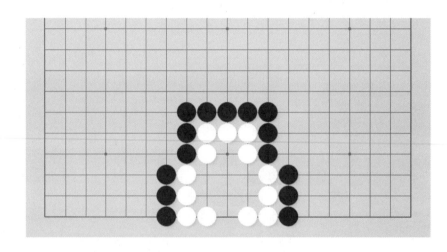

检查

3711

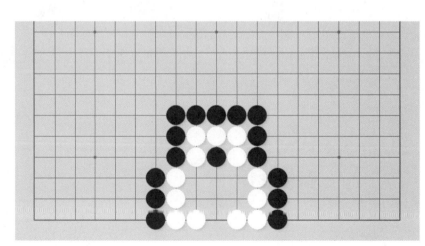

检查

3712

检查

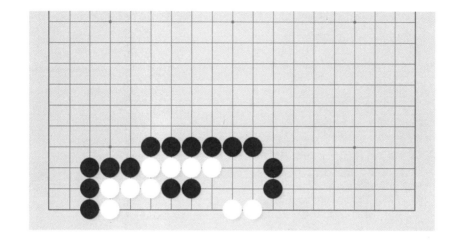

3713

检查

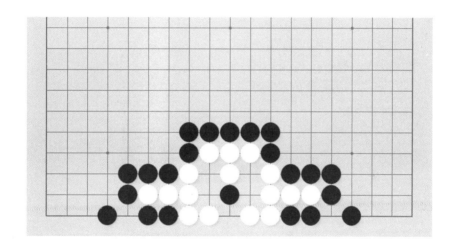

3714

检查

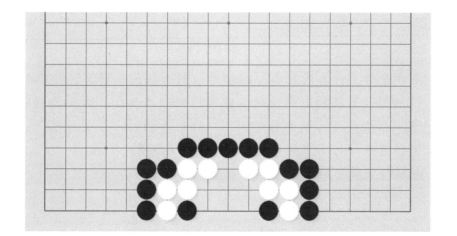

3715

检查

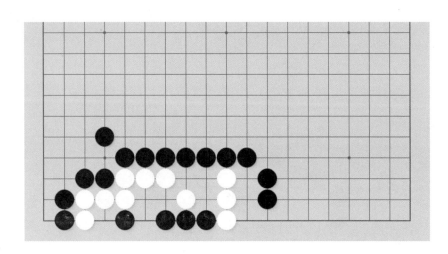

3716

检查

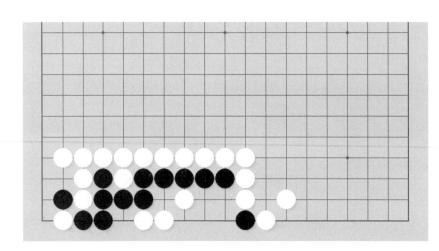

计算的种类

在我看来，计算的种类可以分为两种：封闭式计算、开放式计算。

封闭式计算指的是死活题，外围已经全然封闭，我们要判断该棋是死是活；开放式计算则是针对棋形，诸如手筋、弃子等皆然，计算通常较死活题简单，却需要较为强大的形势判断能力。

两种计算能力在实战中缺一不可。

——陈禧

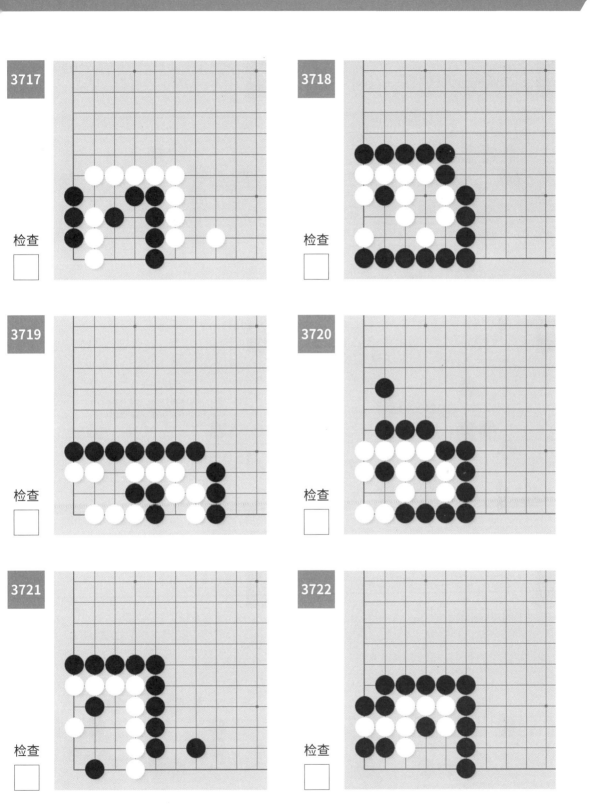

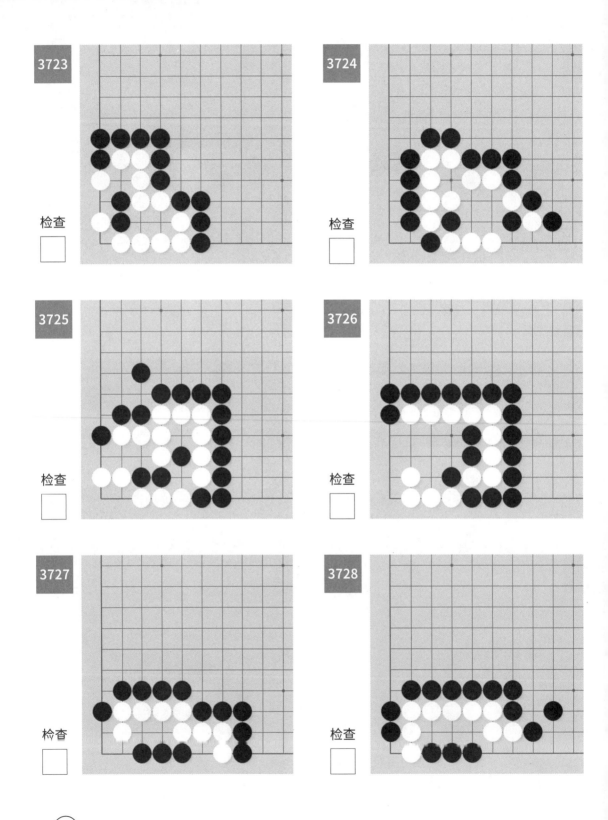

3729

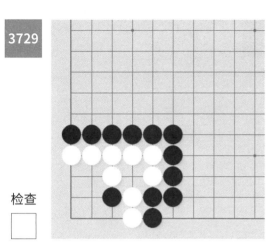

检查

3730

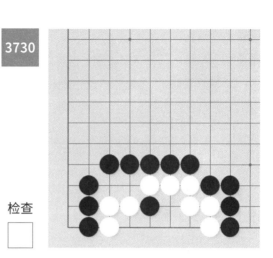

检查

3731

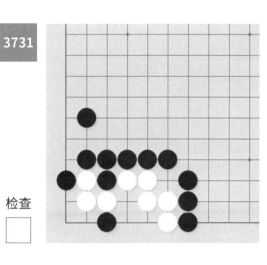

检查

3732

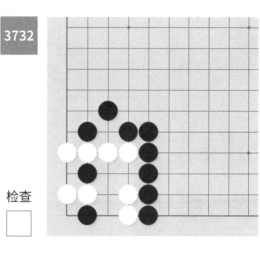

检查

3733

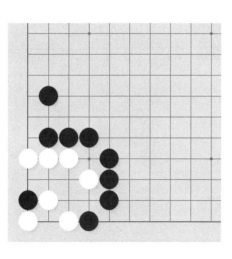

检查

3734

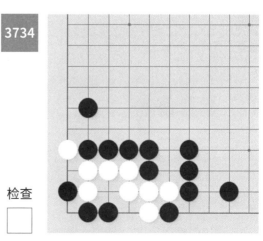

检查

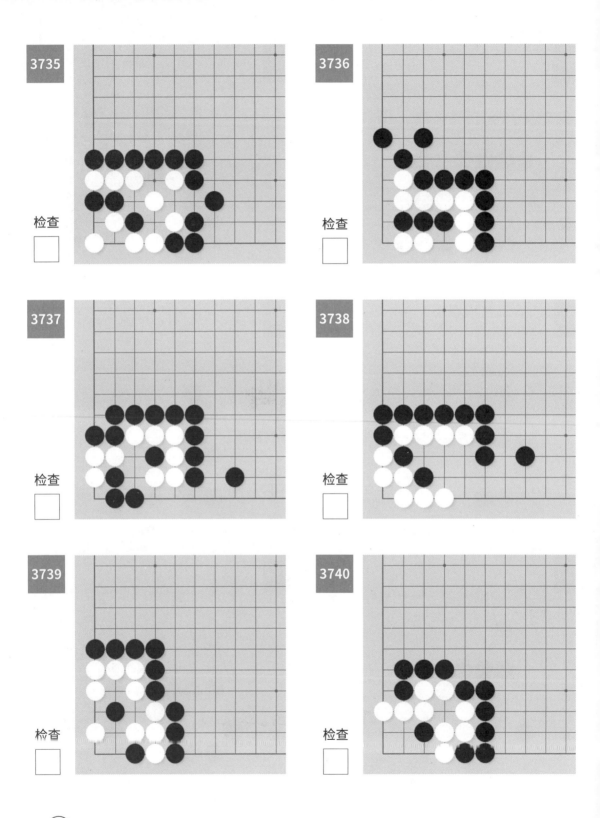

3741
检查

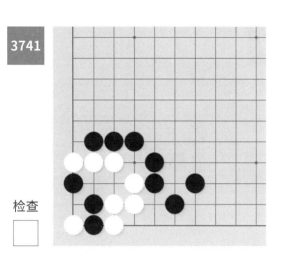

3742
检查

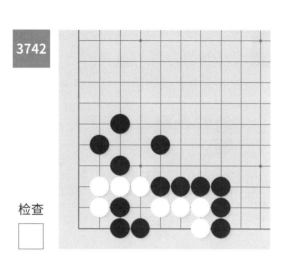

3743
检查

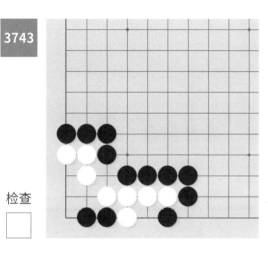

3744
检查

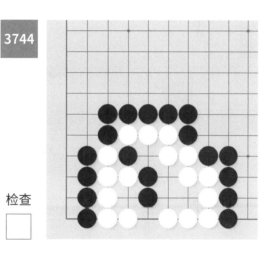

3745
检查

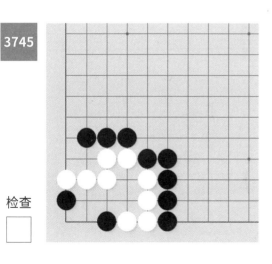

3746
检查

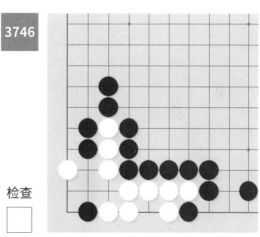

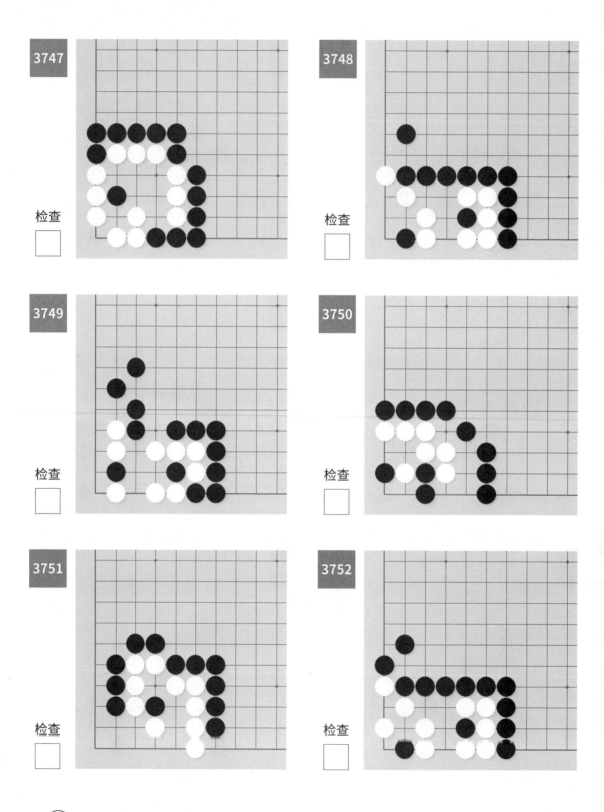

3747

检查

3748

检查

3749

检查

3750

检查

3751

检查

3752

检查

3753 检查

3754 检查

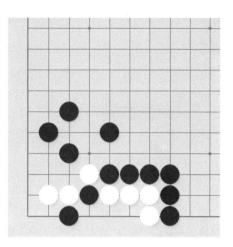

3755 检查

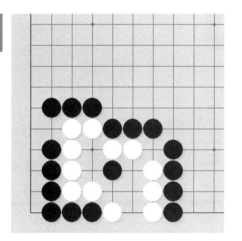

3756 检查

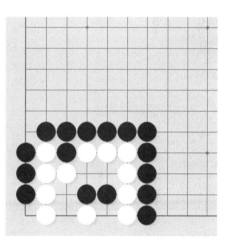

3757 检查

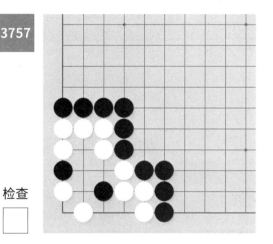

3758 检查

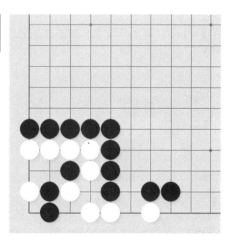

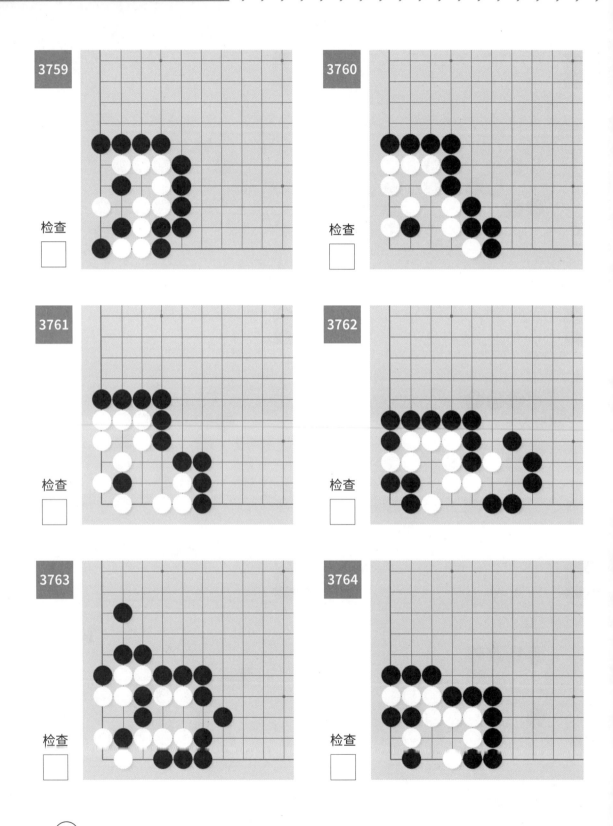

3765

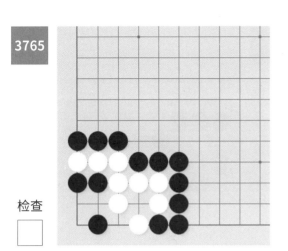

检查

3766

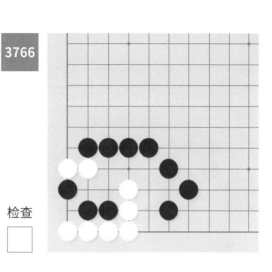

检查

3767

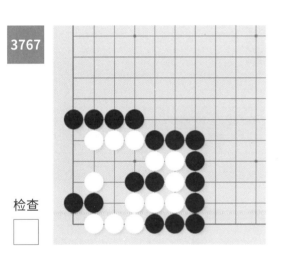

检查

3768

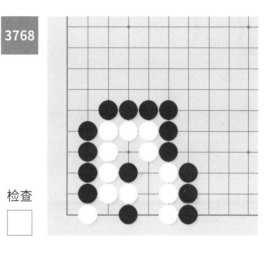

检查

3769

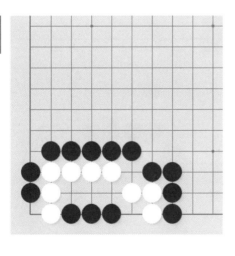

检查

3770

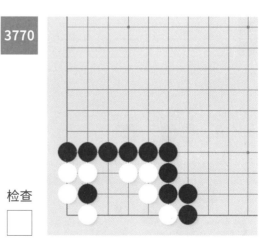

检查

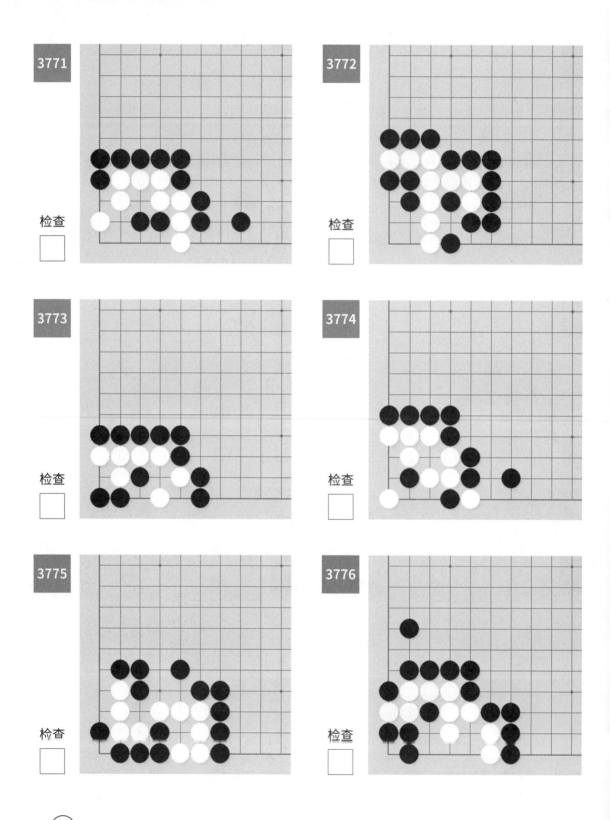

3771　检查☐

3772　检查☐

3773　检查☐

3774　检查☐

3775　检查☐

3776　检查☐

3777

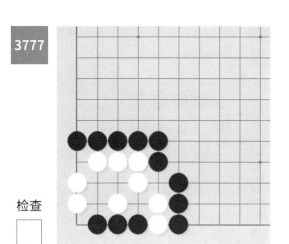

检查

3778

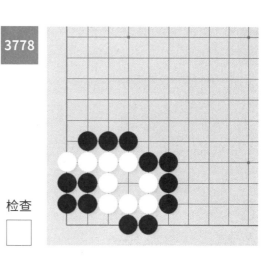

检查

3779

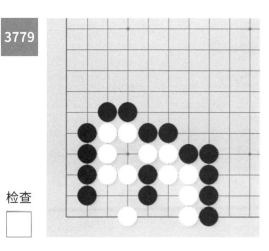

检查

3780

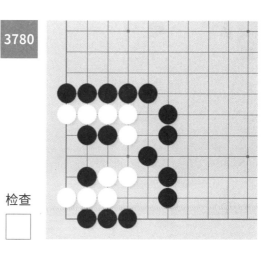

检查

3781

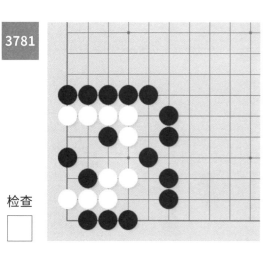

检查

3782

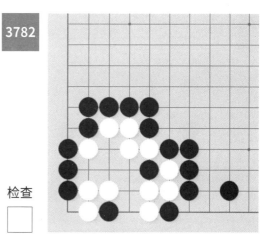

检查

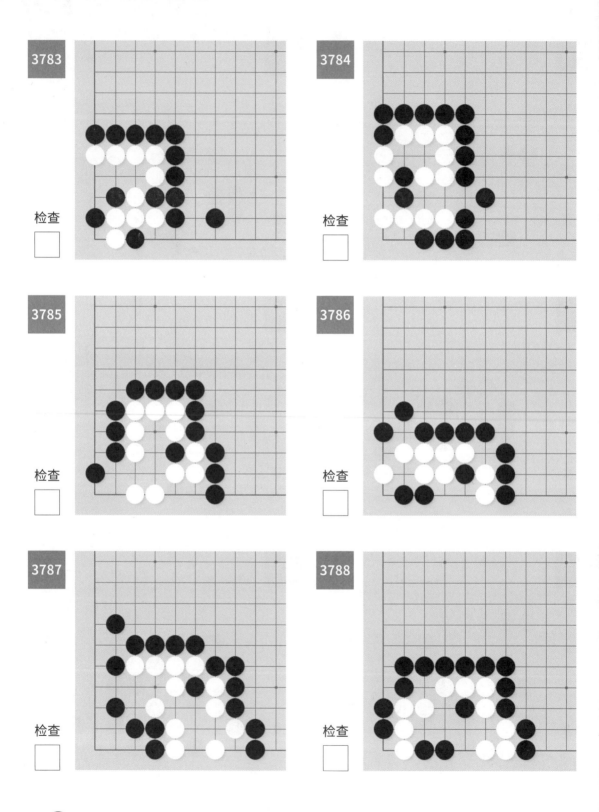

3789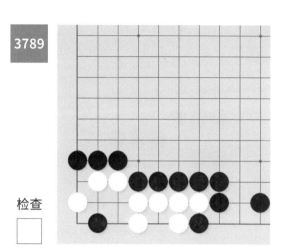

检查

3790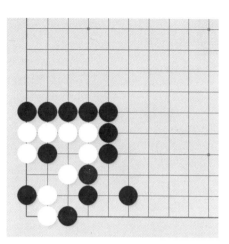

检查

3791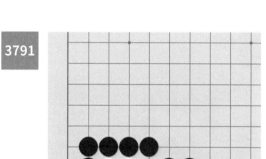

检查

3792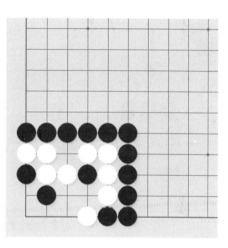

检查

3793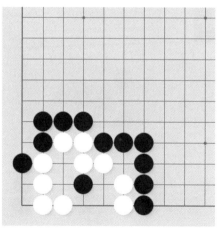

检查

3794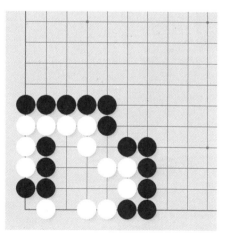

检查

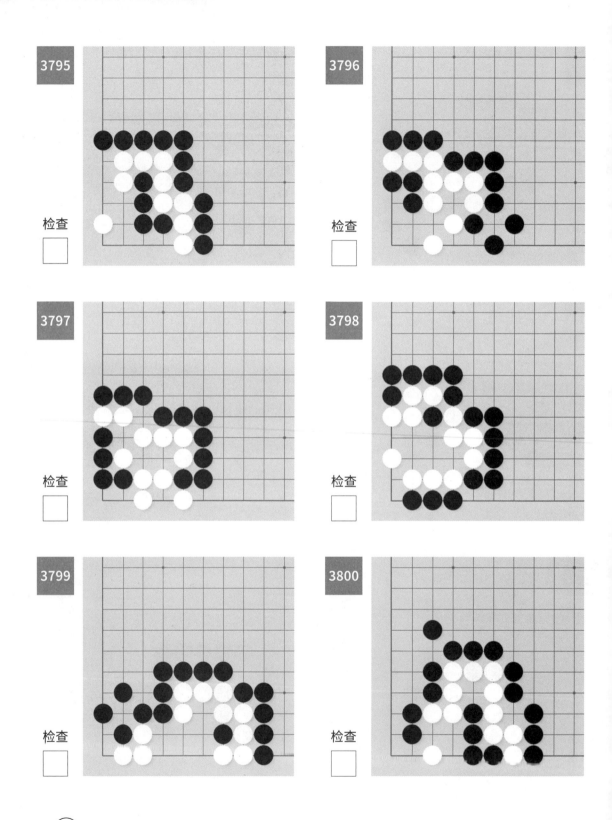

3801
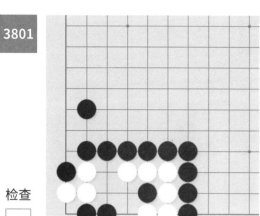
检查

3802
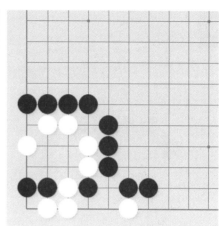
检查

3803
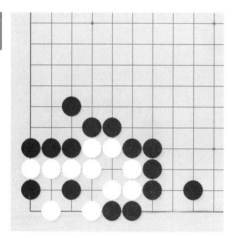
检查

3804
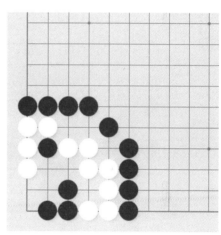
检查

3805
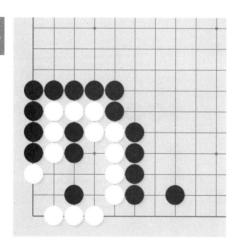
检查

3806
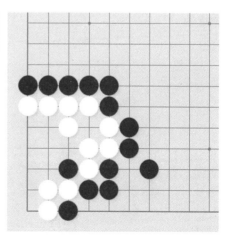
检查

153

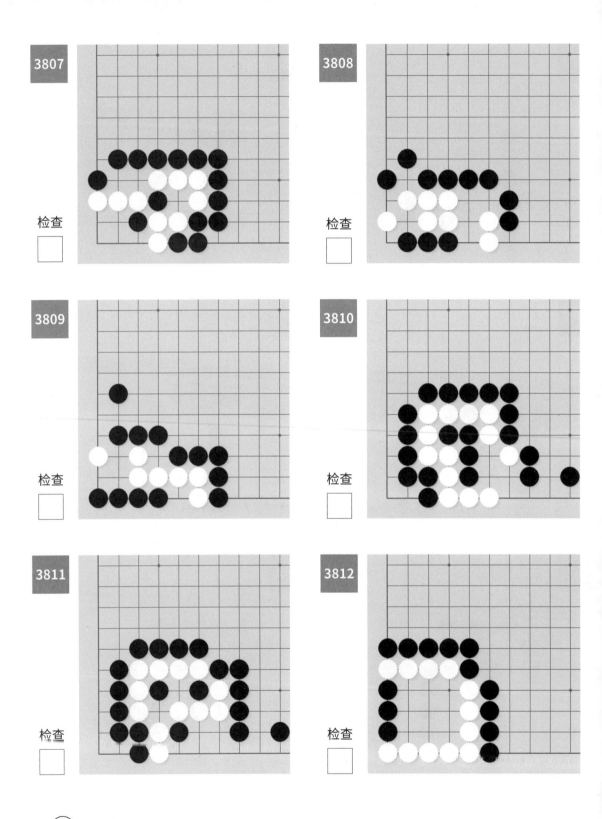

3807

检查

3808

检查

3809

检查

3810

检查

3811

检查

3812

检查

3813

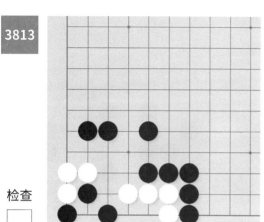

检查

3814

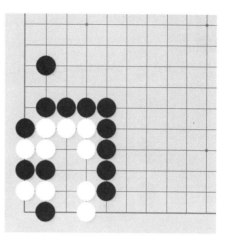

检查

3815

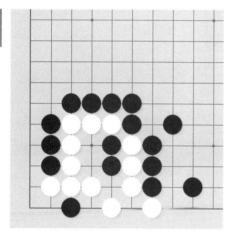

检查

3816

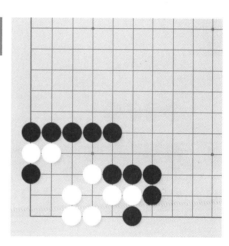

检查

3817

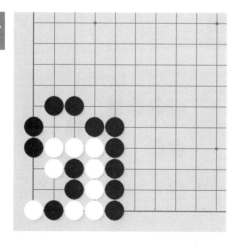

检查

3818

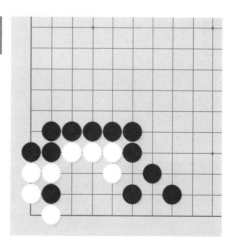

检查

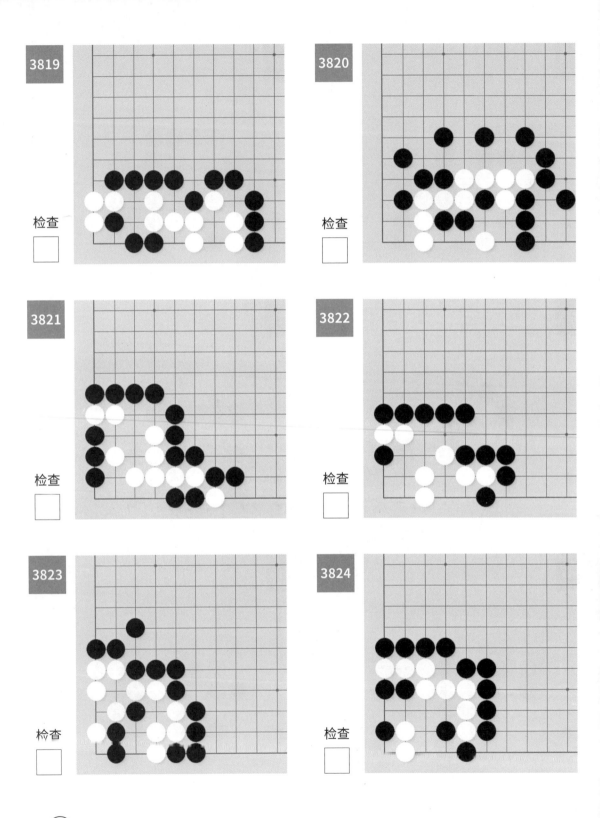

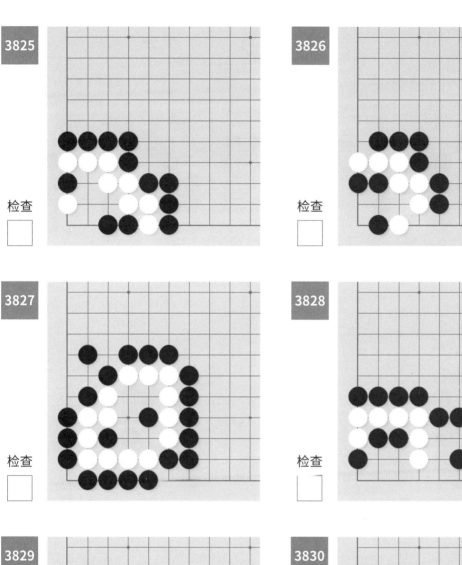

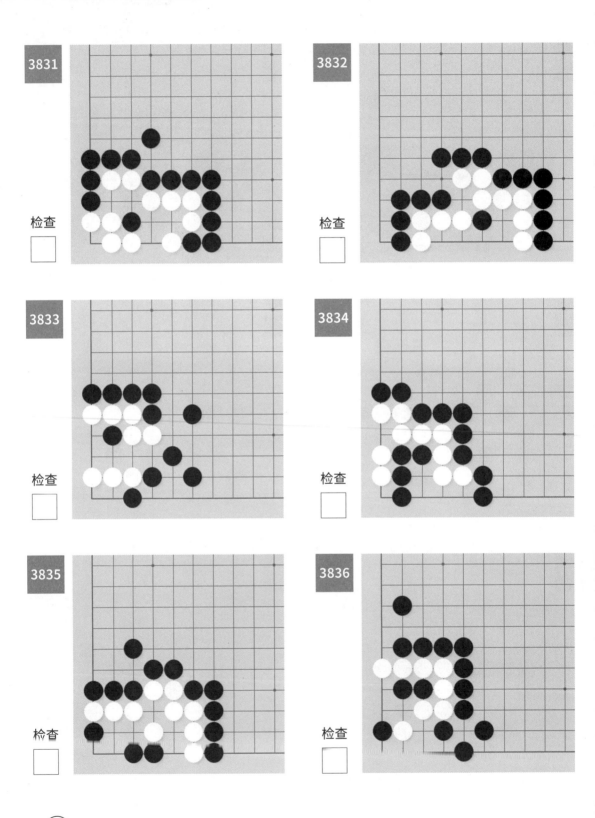

3837

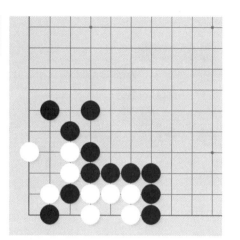

检查

3838

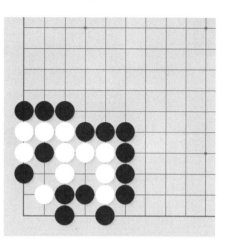

检查

3839

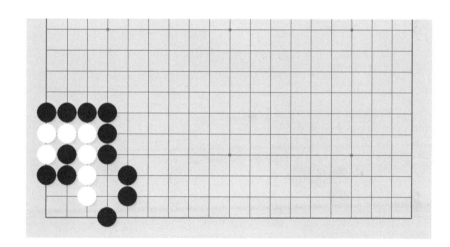

检查

3840

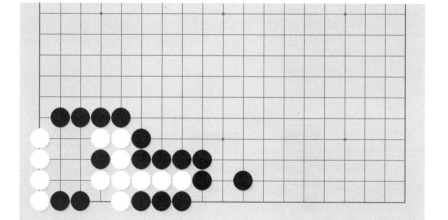

检查

3841

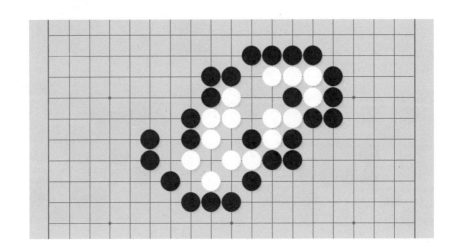

检查

☐

3842

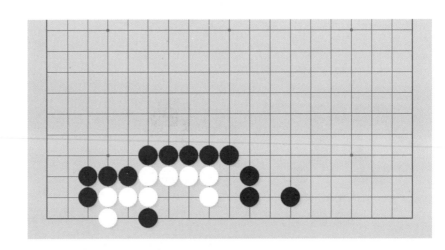

检查

☐

3843

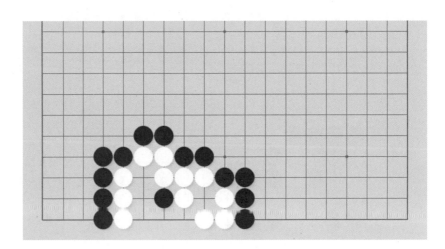

检查

☐

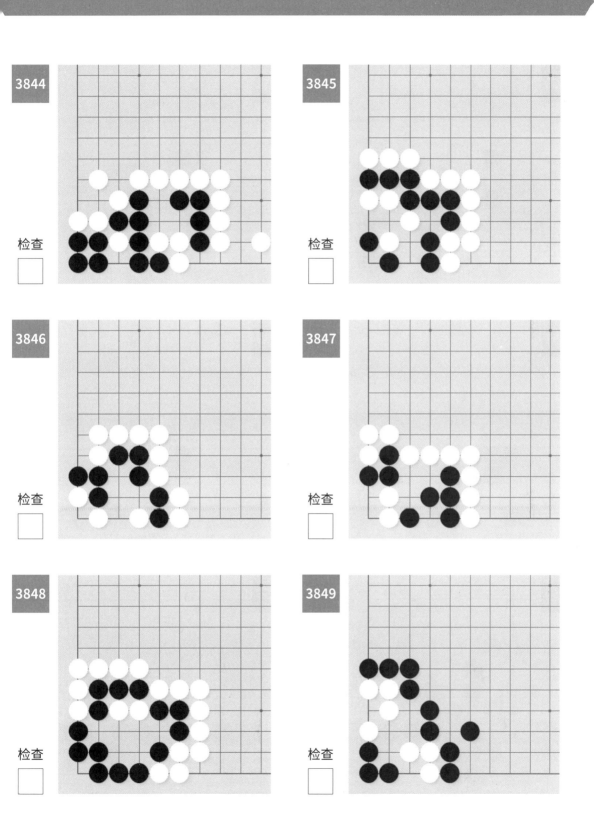

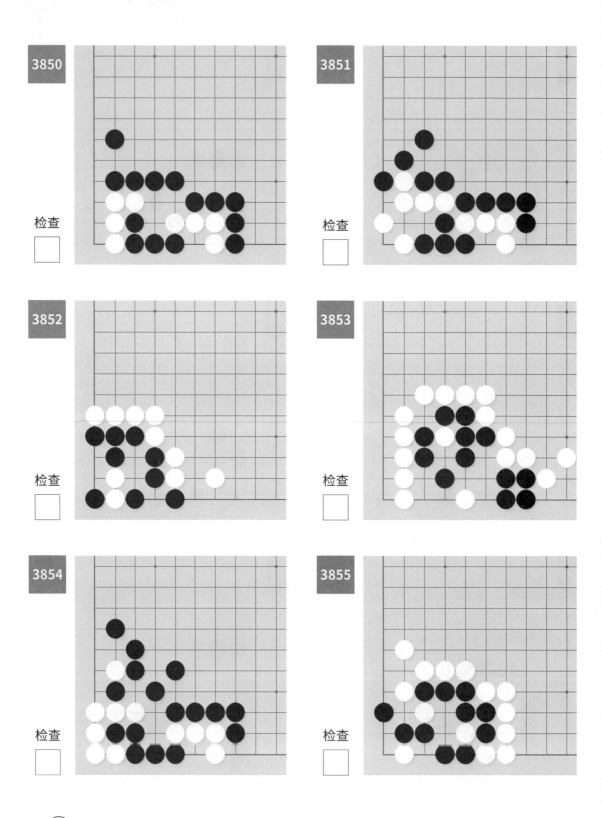

3856

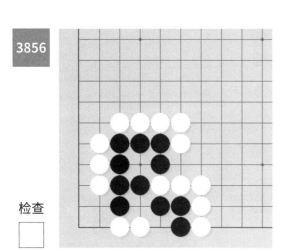

检查

3857

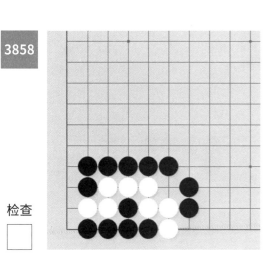

检查

3858

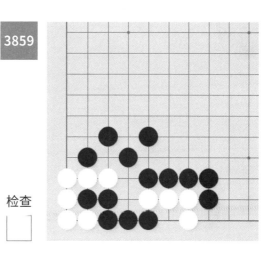

检查

3859

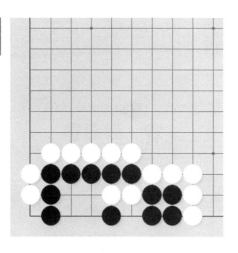

检查

3860

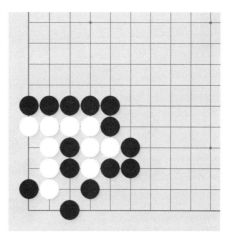

检查

3861

检查

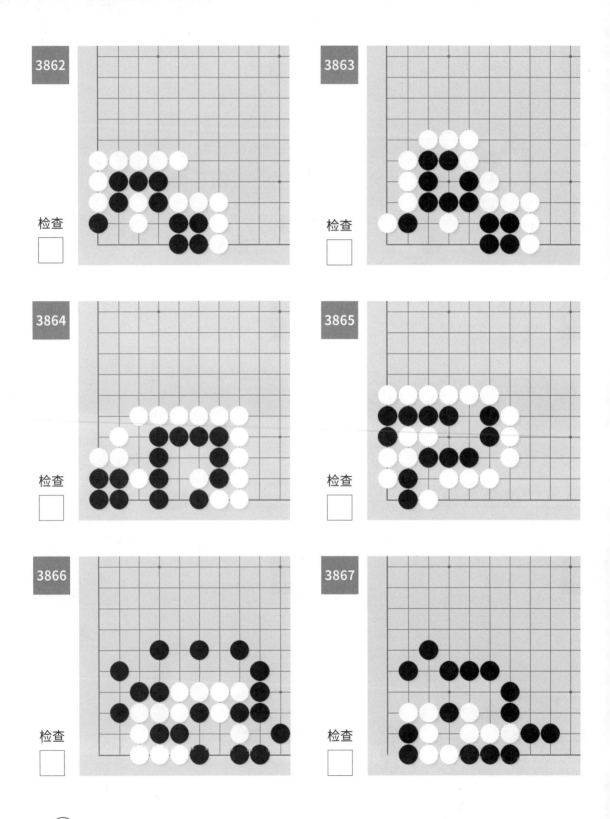

3868
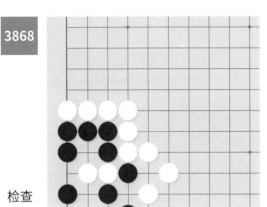
检查

3869
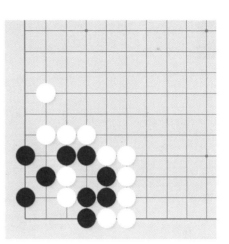
检查

3870
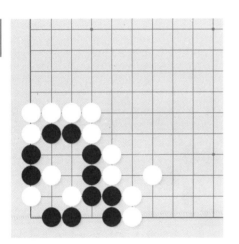
检查

3871
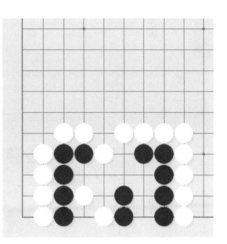
检查

3872
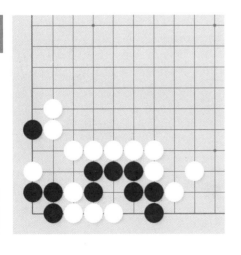
检查

3873
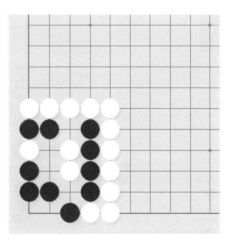
检查

3874

检查

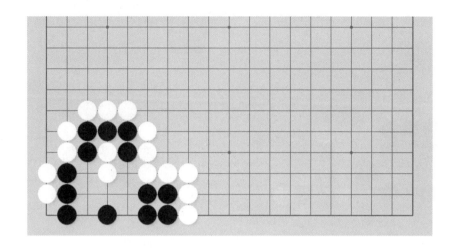

3875

检查

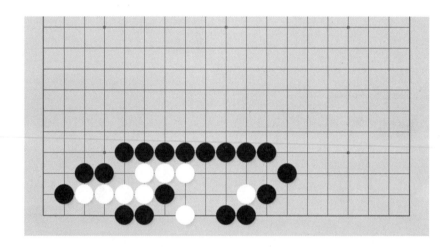

3876

检查

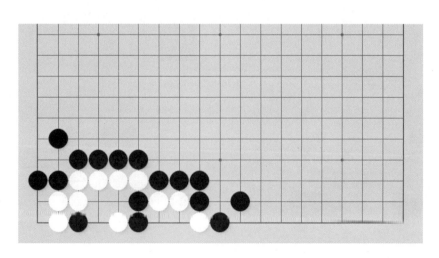

3877

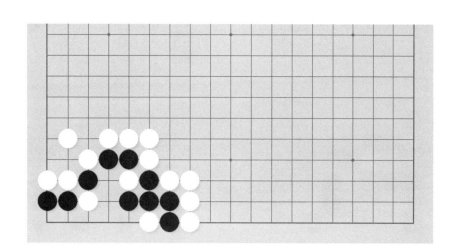

复盘

　　复盘，在围棋术语中，指的是两位棋手将刚刚下过的棋重新摆放在棋盘上，互相交流的过程。

　　我认为复盘是一件相当重要的事情，可以和对手一起讨论刚刚棋局发生的过程，并通过相互交流与砥砺一同进步。这是很幸运的事情，并真正实现了"以棋会友"。

——陈禧

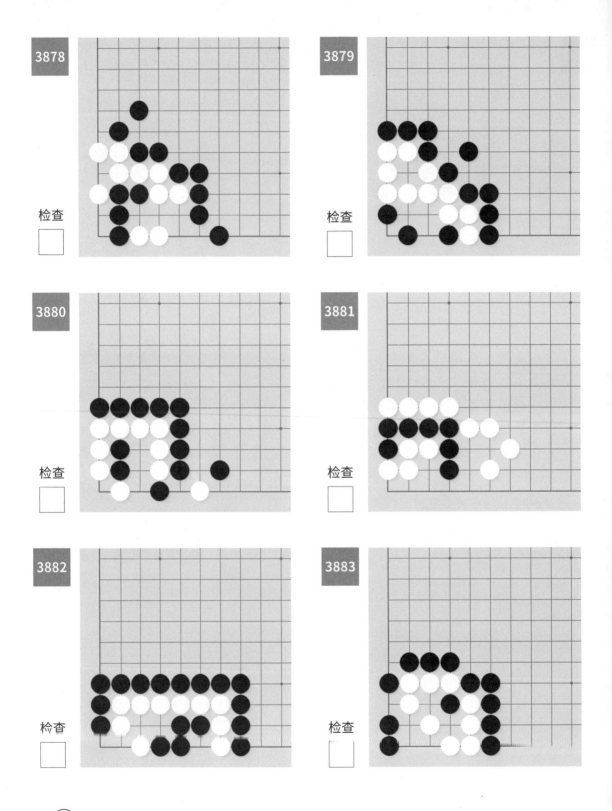

3884

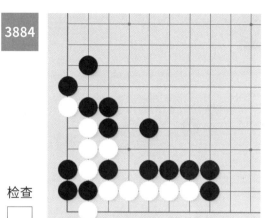

检查

3885

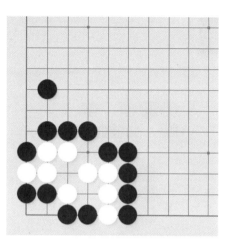

检查

3886

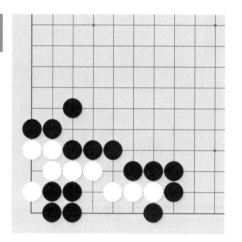

检查

3887

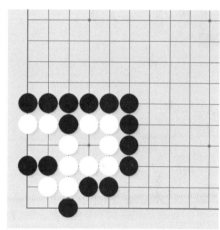

检查

3888

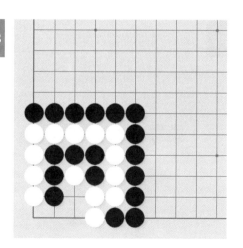

检查

3889

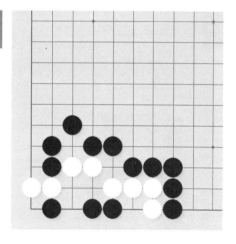

检查

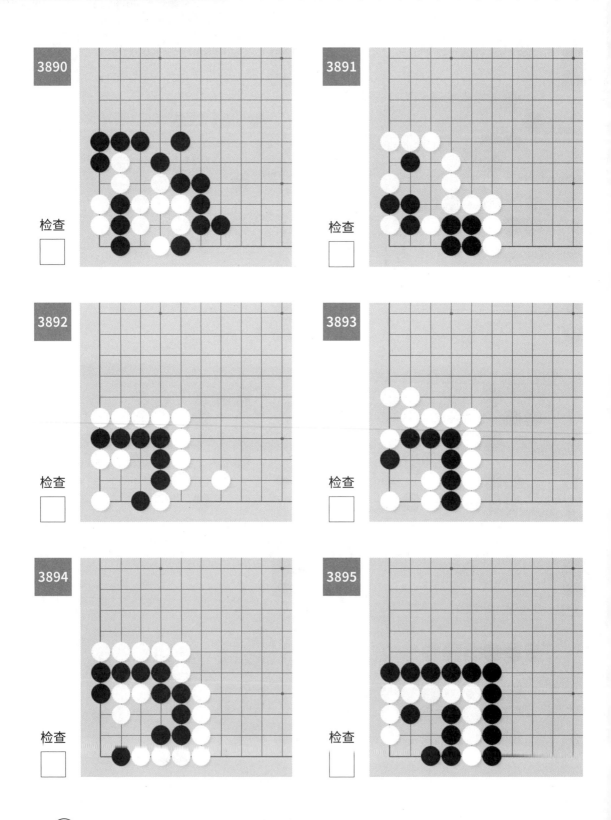

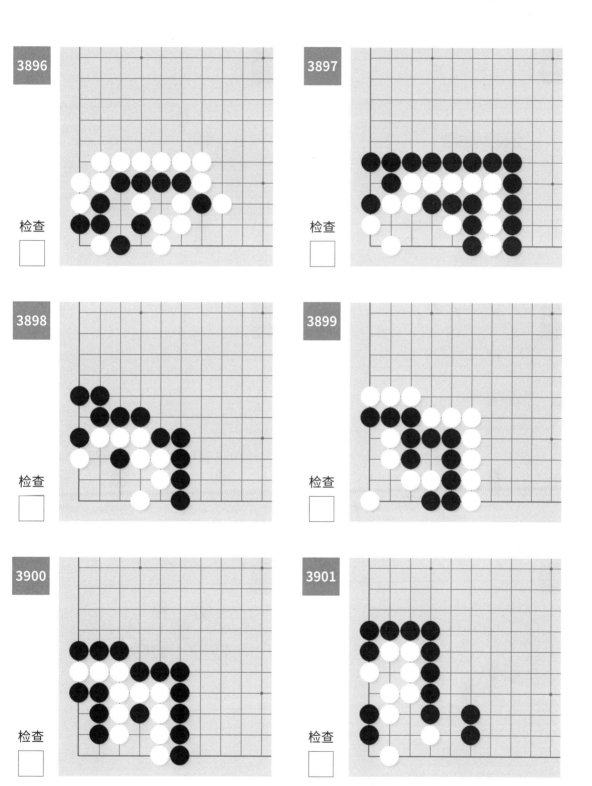

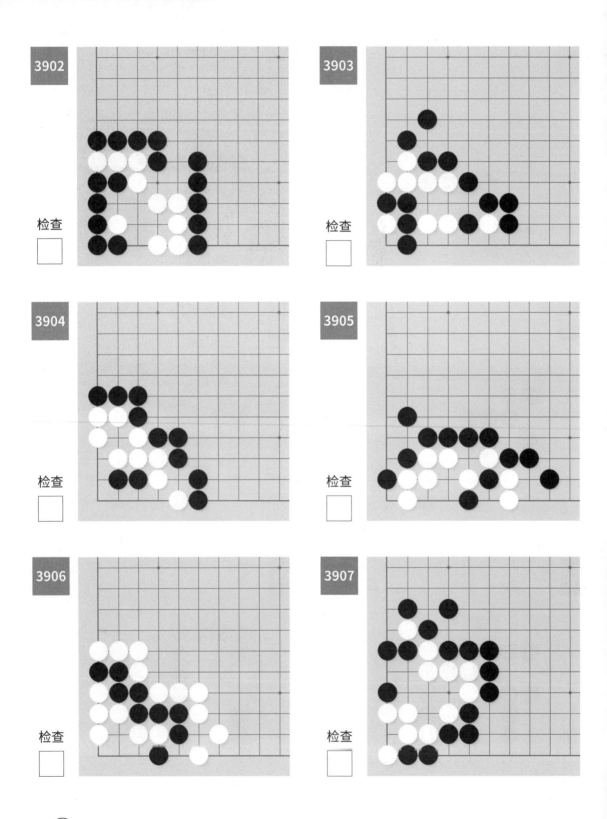

3908

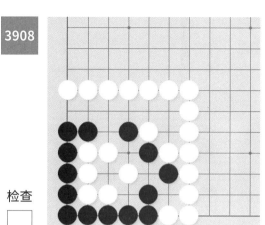

检查

3909

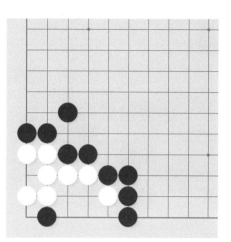

检查

3910

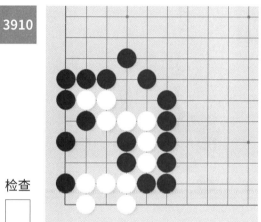

检查

3911

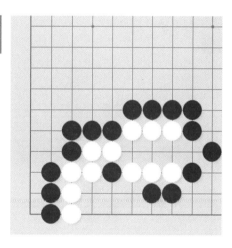

检查

3912

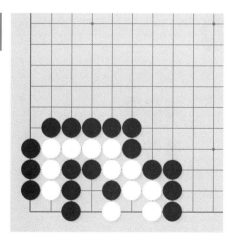

检查

3913

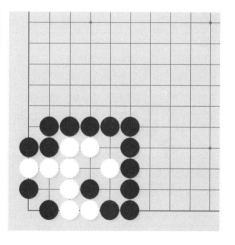

检查

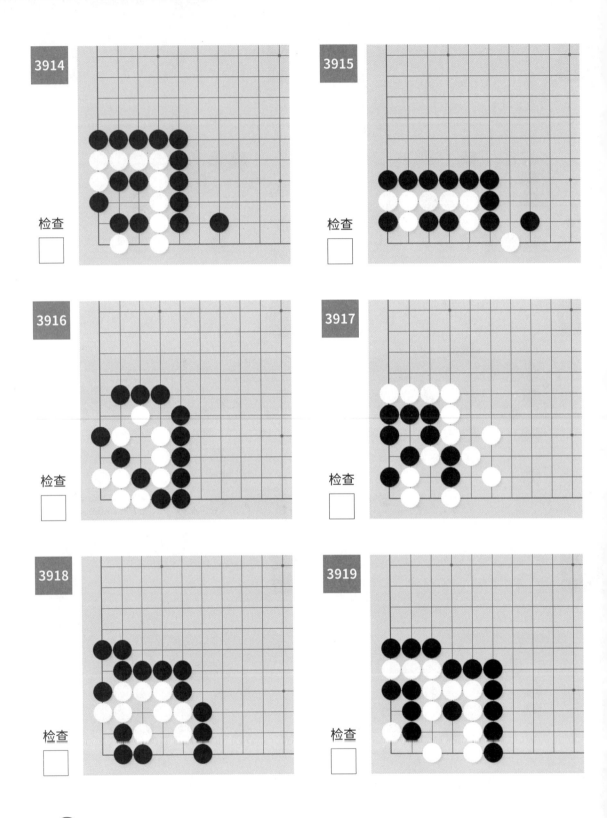

3920

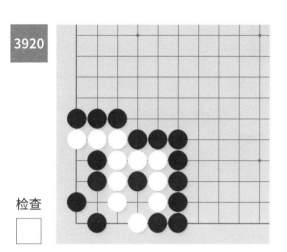

检查

3921

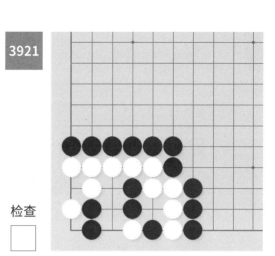

检查

3922

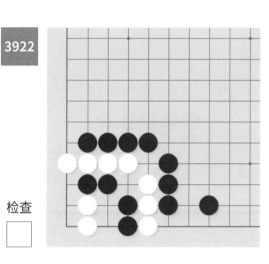

检查

3923

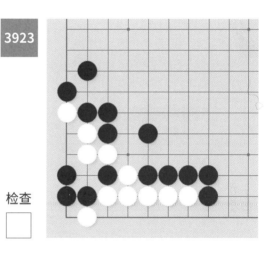

检查

3924

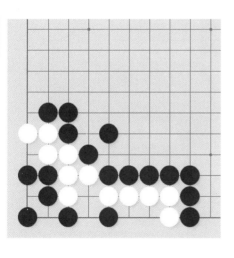

检查

3925

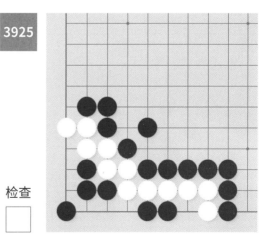

检查

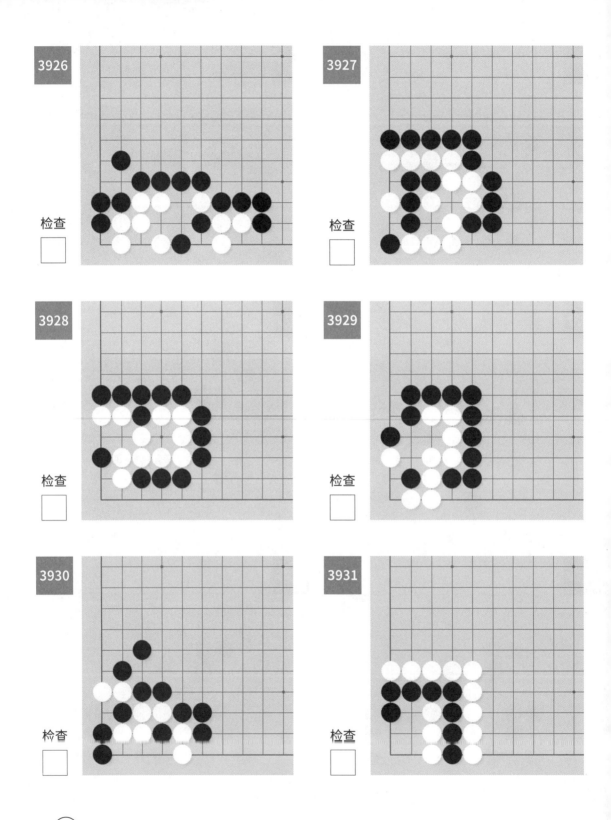

3926

检查

3927

检查

3928

检查

3929

检查

3930

检查

3931

检查

3932

检查

3933

检查

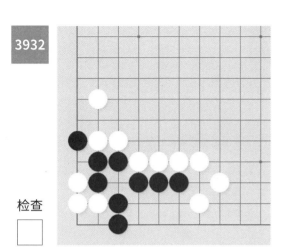

3934

检查

3935

检查

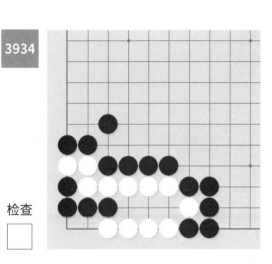
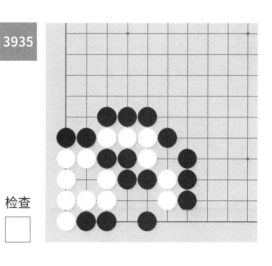

3936

检查

3937

检查

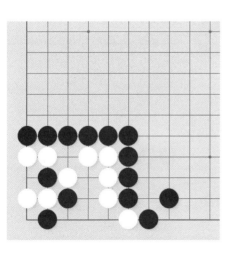
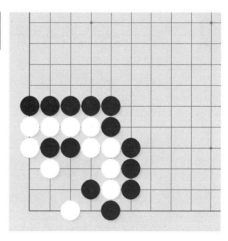

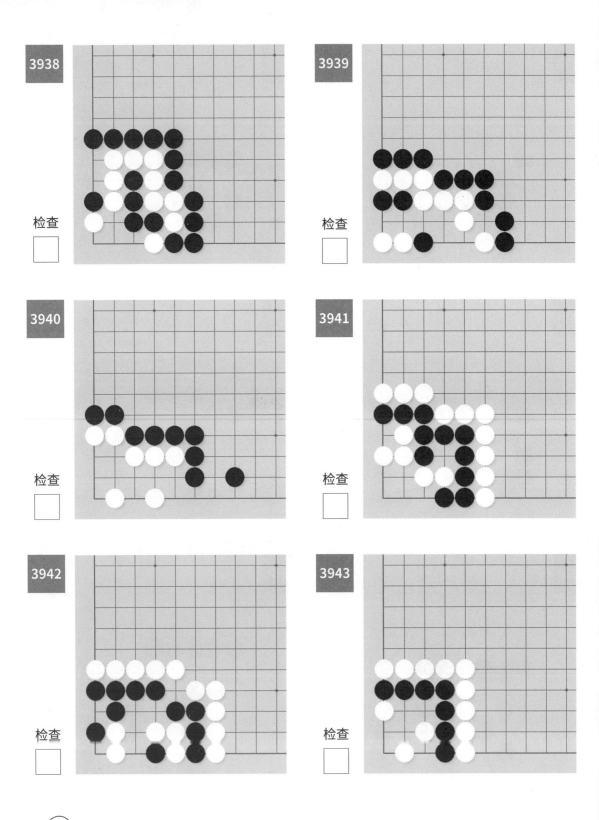

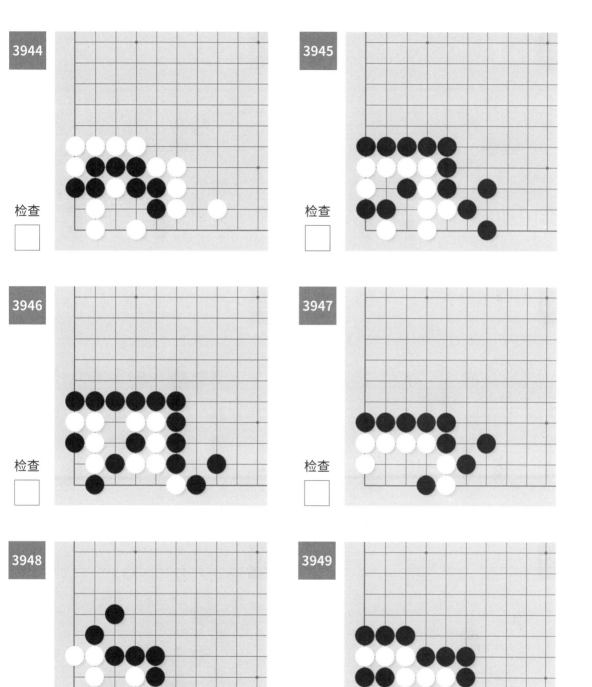

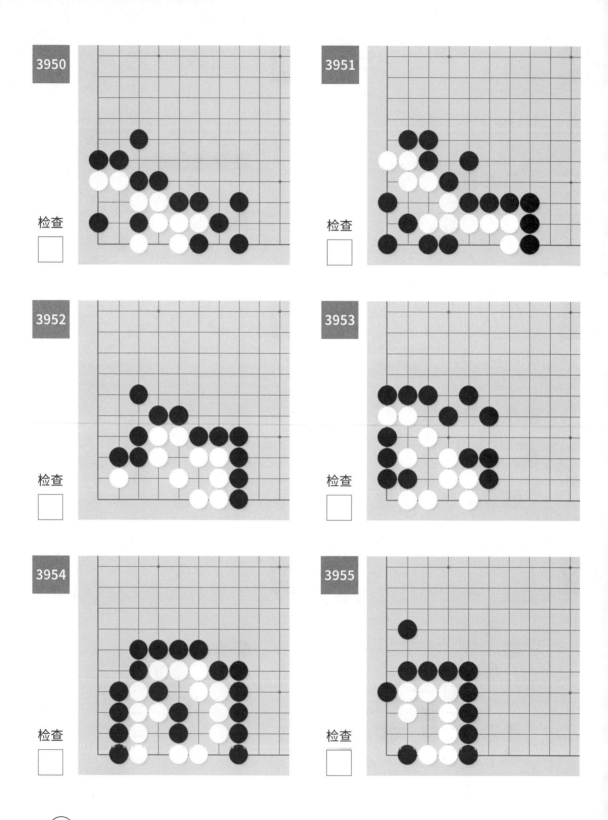

3956

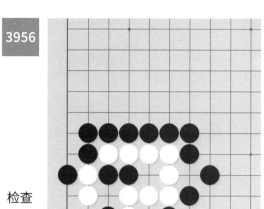

检查

3957

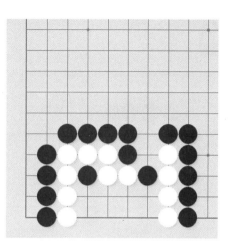

检查

3958

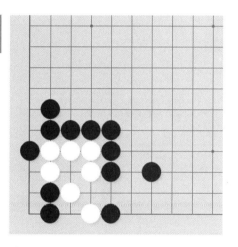

检查

3959

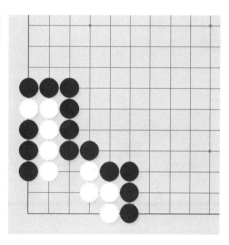

检查

3960

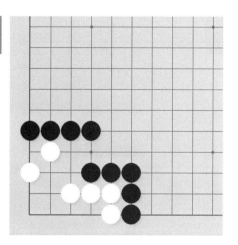

检查

3961

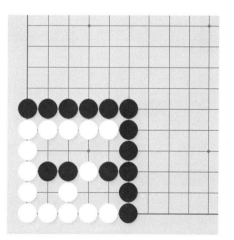

检查

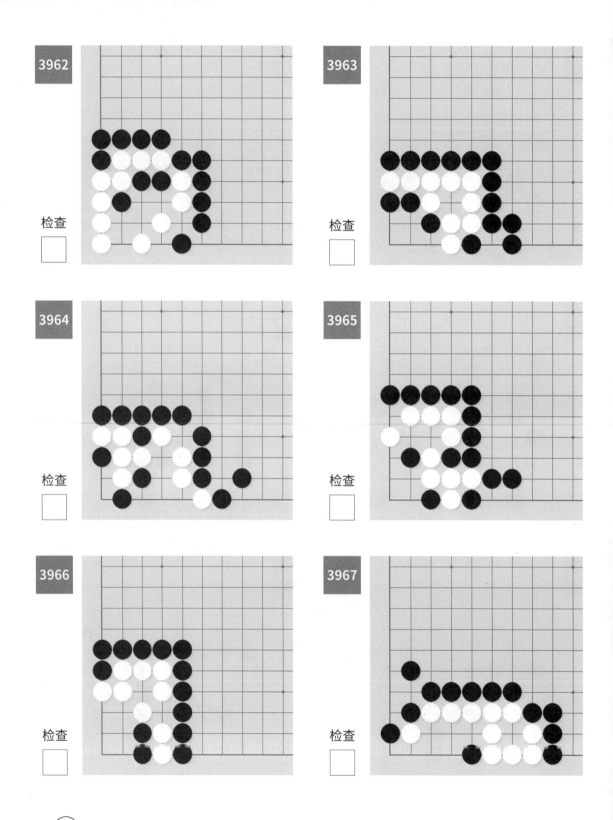

3962

检查

3963

检查

3964

检查

3965

检查

3966

检查

3967

检查

3968

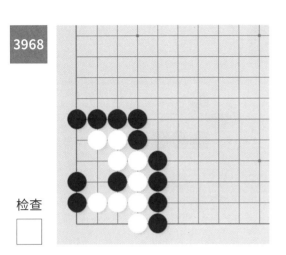

检查

3969

检查

3970

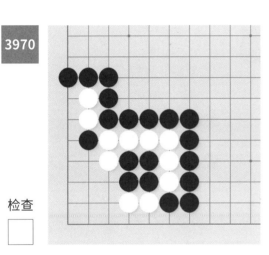

检查

3971

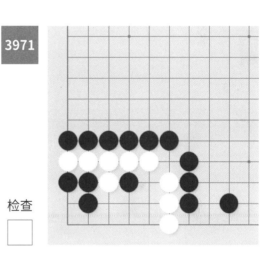

检查

3972

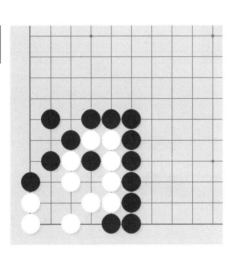

检查

3973

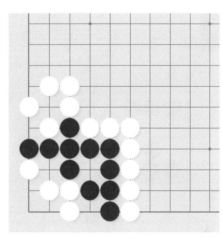

检查

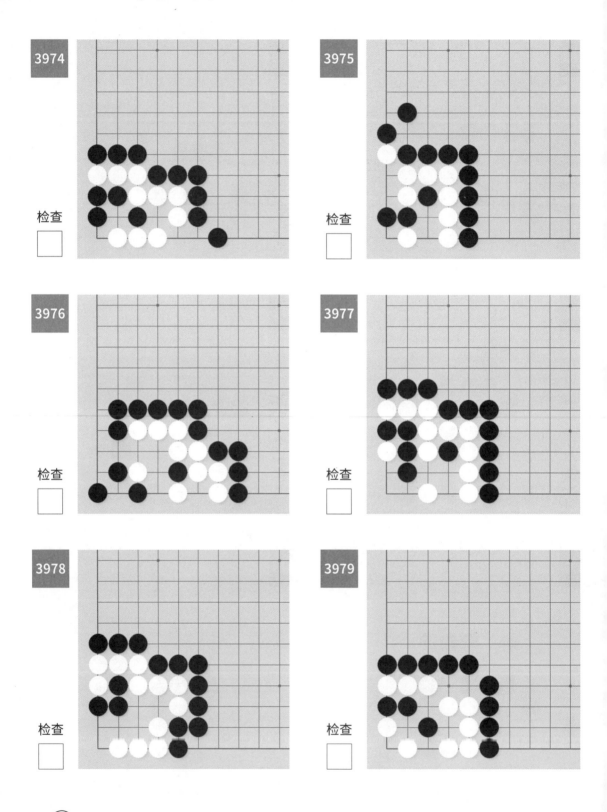

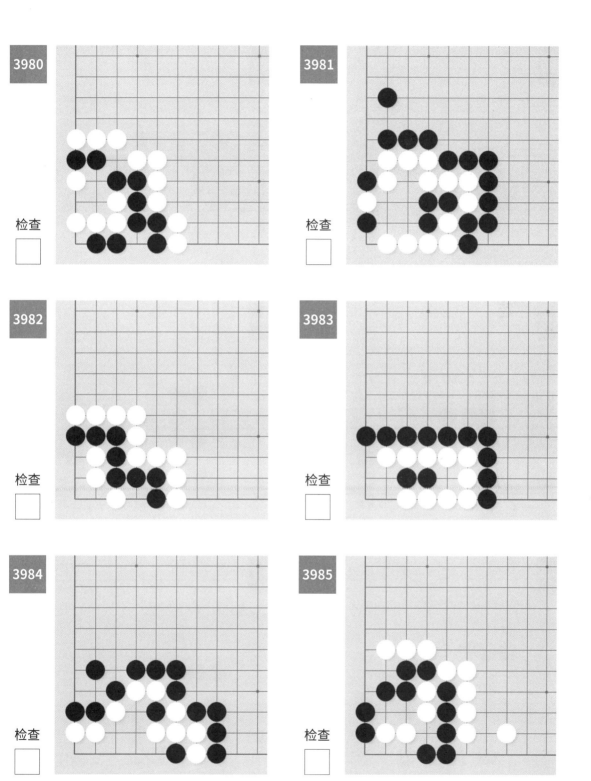

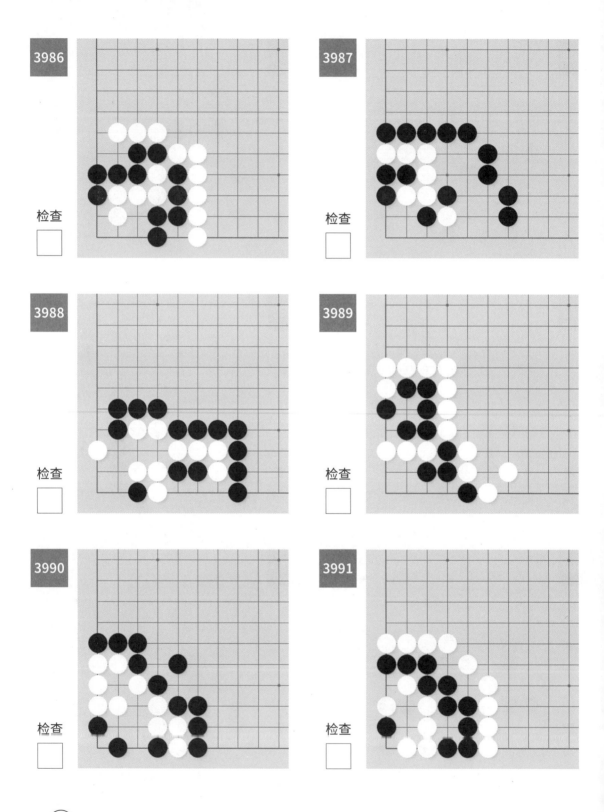

3986

检查

3987

检查

3988

检查

3989

检查

3990

检查

3991

检查

3992

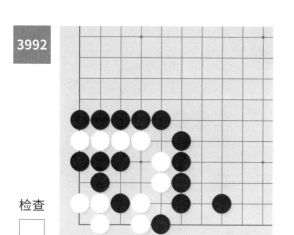

检查

3993

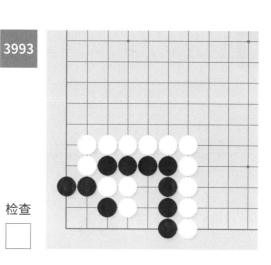

检查

3994

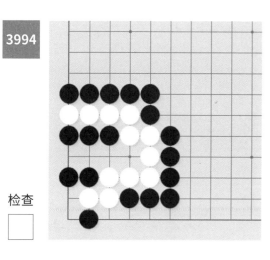

检查

3995

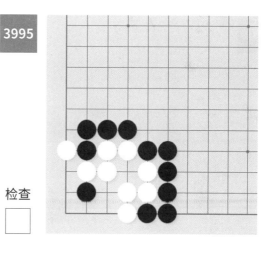

检查

3996

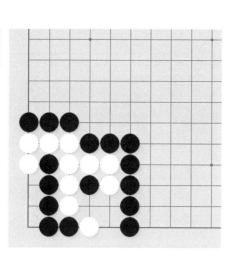

检查

3997

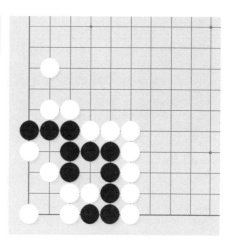

检查

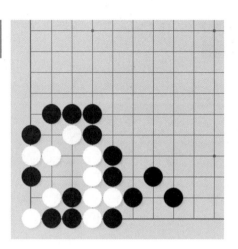

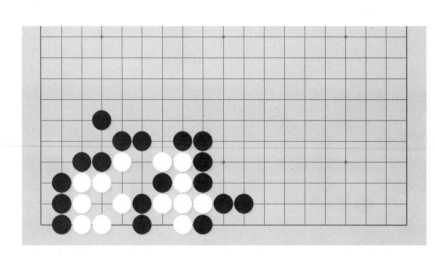

诘棋与实战答案的区别

诘棋与实战的答案是有区别的吗？

我觉得是有区别的，尤其在究竟是否要选择打劫的变化上。有时候，在实战中劫活可以活得更大一点，而在对手劫材不足的情况下，选择劫活就会好过净活，我们在实战中要灵活一点。

——陈禧